# FRISCHE ERNTE

ZUM KLEINEN PREIS

# FRISCHE ERNTE ZUM KLEINEN PREIS

## TIPPS UND IDEEN FÜR NACHHALTIGES GÄRTNERN

HUW RICHARDS

DK

# INHALT

# EINFÜHRUNG

**Zu jeder Mahlzeit saisonales Obst und Gemüse genießen, das Sie selbst herangezogen und geerntet haben? Das ganze Jahr vom eigenen Garten mit Leckereien versorgt werden? Und das auch noch für wenig Geld? Doch, das ist möglich.**

Sie haben schon richtig gelesen: Das sind keine Fantastereien, sondern realistische Ziele, die auch Sie erreichen können. Warum ich so sicher sein kann? Weil ich es selbst ausprobiert habe. Ich wollte mich fast kostenlos mit eigenem Obst und Gemüse versorgen. Und Sie sollen nun erfahren, was ich dabei gelernt habe und wie man auftretende Probleme lösen kann. Ich biete Ihnen dabei immer mehrere Optionen – je nachdem, ob Sie viel oder wenig Platz haben oder ob Sie auf dem Land oder in der Stadt leben. So können Sie immer auswählen, was für Sie am besten passt. Alles, was ich in diesem Buch beschreibe, habe ich gründlich ausprobiert und es hat sich bewährt. Mögen die vielen Tipps und Tricks Ihnen das Selbstvertrauen geben, Köstlichkeiten anzubauen, die genauso gut schmecken, wie Sie es sich vorgestellt haben.

### WARUM KOSTEN KEIN HINDERNIS SIND

Im Lauf der Jahre habe ich etliche Gründe gehört, warum jemand keine eigenen Nahrungsmittel anbaut. Zu den häufigsten Argumenten gehört, es sei zu teuer. Dass dieser Irrglaube sich so hartnäckig hält, macht mich richtig traurig. Um das geradezurücken, habe ich dieses Buch geschrieben. Darin erfahren Sie, was Sie wissen müssen, um Ihr Obst und Gemüse bei sich zu Hause fast kostenlos heranzuziehen.

Wer sich »für umme« selbst versorgen möchte, sollte ein paar Basics beherrschen, etwa das Aussäen und Einpflanzen. Um Erfolge zu erzielen, sollte man das Ganze manchmal auch aus einem anderen Blickwinkel betrachten. Bleiben Sie deshalb offen für alles und sehen Sie Vorteile in dem, was andere als Müll abtun. Eine zerbrochene Palette von der Baustelle kann zum Komposter umfunktioniert, eine Kiste leerer Kanister kann als lebenswichtiges Wasserreservoir zweckentfremdet werden. Ein Stapel zerlegter Kartons wiederum ist wie geschaffen dafür, Unkraut im Zaum zu halten.

### KOSTEN SPAREN

»Fast kostenlos« bedeutet für mich, dass kaum Geld in die Hand genommen werden muss. Beispielsweise indem man etwa Samen tauscht statt kauft. Zudem bedeutet »kostenlos« nicht »mühelos«. Denn mal ehrlich: Obst und Gemüse anzubauen, ohne Zeit und Arbeit zu investieren, ist schlicht unmöglich. Selbst die Suche nach Wildkräutern erfordert einen gewissen Aufwand. Genauso wie der Einkauf im Geschäft übrigens. Natürlich macht Geld vieles leichter und spart Zeit, aber wenn man erfinderisch ist und Gelegenheiten zu nutzen versteht, kann man die Kosten niedrig halten.

### IN KLEINEN SCHRITTEN ZUM ERFOLG

Es gibt etwas, das Sie daran hindern kann, selbst angebautes Obst und Gemüse zu genießen: zu frühes Aufgeben. Steigen Sie langsam ein, damit es Ihnen nicht zu viel wird. Unterteilen Sie größere Projekte in kleine, realistische Ziele und halten Sie sie als To-do-Liste fest. Indem Sie viele kleine Aufgaben umsetzen, wenn Sie Zeit dafür haben, und Getanes von der Liste streichen, bekommen Sie das Gefühl, effizient zu arbeiten und etwas zu erreichen. Viele kleine Schritte sind viele kleine Erfolgserlebnisse. Das motiviert und hält bei der Stange. Auf den nächsten Seiten erkläre ich, was ich unter Tauschhandel verstehe und warum das der Schlüssel zum Sparen von Kosten ist.

# DER TRICK MIT DEM TAUSCHEN

Meine Definition von »kostenlos« kennen Sie jetzt. Nun erfahren Sie, was meiner Meinung nach die beste Alternative zum Geldausgeben ist: das Tauschen.

Der Duden definiert »tauschen« als »jemandem eine Sache oder Person überlassen und dafür als Gegenleistung etwas oder jemanden anderes von ihm erhalten«. Nicht enthalten ist in dieser objektiven Definition die Bedeutung des Tauschhandels als Plattform für soziale Interaktion. Bevor sich Geldsysteme entwickelten, handelten die Menschen, indem sie Waren und Dienstleistungen austauschten. Dabei mussten sie mit anderen Personen oder Gruppen kommunizieren. Und genau das gefällt mir am Tauschen.

**WIE UND WAS SOLL MAN TAUSCHEN?**

Ein wesentliches Element des Tauschens ist das Fehlen von Richtlinien: Es gibt kein System, das für alles und jeden passt. Jeder kann tauschen – und das auch noch völlig flexibel. Man kann zudem mehrere Tauschobjekte anbieten, sodass der Tauschpartner sich aussuchen kann, was für ihn am interessantesten ist. Manchmal ist es sogar noch simpler: Man tut anderen einen Gefallen, indem man ihnen etwas abnimmt, was sie – aber nicht Sie! – als »Abfall« betrachten.

Angeboten werden muss nicht einmal ein Gegenstand. Ihre Zeit, Ihre Fertigkeiten und Ihr Know-how sind ebenfalls eine Art von Währung. Wenn beispielsweise jemand Zaunpfosten anzubieten hat, aber mehr an Ihren Fähigkeiten als Gitarrist als an dem von Ihnen angebotenen Tauschobjekt interessiert ist, können Sie ihr oder ihm auch Gitarrenstunden geben.

**AUSTAUSCH MIT ANDEREN**

Interessant wird das Tauschen vor allem dann, wenn man Geld aus der Gleichung herausnimmt, denn jeder Tausch ist etwas Einzigartiges. Einzelne oder Gruppen müssen eine für jeden befriedigende Einigung erzielen, was ganz schön spannend sein kann. Wer noch nie getauscht hat, wird über die Einfachheit des Verfahrens, die Begeisterung der Beteiligten und die erstaunliche Palette des Angebotenen staunen. Tauschen mag anfangs etwas Abschreckendes haben, doch gewinnt man schnell Souveränität darin.

In diesem Buch wird viel Nützliches genannt, was man durch Tauschen erhalten kann, etwa Kompostmaterial oder Saatgut. Ein wesentlicher Aspekt für mich dabei ist die Tatsache, dass man Menschen kennenlernt. Im Lauf der Zeit werden Ihnen vertraute Tauschpartner Angebote machen, ohne dass Sie danach gefragt haben, oder Sie mit Gleichgesinnten in Kontakt bringen. So kann eine kleine Tauschgemeinschaft entstehen, woraus sich vielleicht sogar so etwas wie eine Mini-Werkzeuggenossenschaft entwickelt (siehe Seite 17). Sie können so viel oder so wenig tauschen, wie Sie möchten, aber ich finde, Tauschen ist wesentlich dankbarer als Geld geben und nehmen.

JEDER KANN TAUSCHEN – UND DAS AUCH NOCH VÖLLIG FLEXIBEL.

**Ich hole mir nur zu gern** Kurioses von Nachbarn (*oben links*) und biete ihnen im Gegenzug Selbstgezogenes (*oben rechts, unten rechts*) oder Saatgut von meinen Nutzpflanzen (*unten links*).

# EINEN KÜCHENGARTEN ANLEGEN

WIE SIE EIN GEEIGNETES AREAL
FÜR DEN ANBAU VON OBST, GEMÜSE
UND KRÄUTERN FINDEN
UND DAS PASSENDE WERKZEUG
DAFÜR AUSWÄHLEN

# WAS EIN GUTER KÜCHENGARTEN BRAUCHT

Wenn Sie einen Nutzgarten anlegen möchten, brauchen Sie das geeignete Areal dafür. Um das Potenzial einer Fläche zu bewerten, arbeite ich nach der GWABZ-Methode (GWABZ = Größe, Wasser, Ausrichtung, Boden, Zugang).

## GRÖSSE

Für einen ordentlichen Ertrag brauchen Sie weniger Platz, als Sie denken. Ein 1×2m großes Beet etwa reicht aus, um eine vierköpfige Familie in milden Gegenden von April bis November mit Blattsalat zu versorgen. Zum Vergleich: Ein durchschnittlicher Parkplatz ist 3×4m groß. Zufällig ist das für alle, die erste Gehversuche im Obst- und Gemüseanbau machen, genau die richtige Größe!

## WASSER

Dieses kostbare Gut ist für Nutzpflanzen im Frühjahr und Sommer überlebenswichtig, leider aber schwer und schlecht zu transportieren. Ein Dach ist die beste Quelle für kostenloses Regenwasser. Man kann es in niederschlagsreichen Monaten sammeln und bei sonniger Witterung davon zehren. Grauwasser, also Brauchwasser aus Küche und Bad ohne Fäkalreste, eignet sich gut zum Wässern im Garten, wenn es vorgeklärt wird. Erkundigen Sie sich aber bei Ihrer Kommune nach den geltenden Bestimmungen.

### SCHNELL-CHECK

Mit dieser Liste finden Sie auf die Schnelle heraus, ob ein Areal die nötigen Voraussetzungen für den Anbau von Nutzpflanzen hat:

- Ist Platz für Komposter, Wassertonne und Pflanzen?
- Gibt es Wasser – ob Regen- oder Grauwasser?
- Scheint im Frühjahr und Sommer mindestens vier Stunden am Tag die Sonne darauf? Ist das Areal windgeschützt?
- Ist die Fläche grasbewachsen oder befestigt?
- Erreicht man den Garten, ohne durchs Haus zu müssen?

## AUSRICHTUNG

Von der Ausrichtung hängt ab, wie viel direkte Sonne ein Garten abbekommt. Areale mit südlicher Ausrichtung sind am sonnigsten, weshalb hier die Palette der kultivierbaren Pflanzen am größten ist. An zweiter Stelle stehen Bereiche mit östlicher Ausrichtung. Schon Gärten mit nur vier Stunden Sonne am Tag eignen sich für die meisten Nutzpflanzen. Blattgemüse kommt an Stellen mit der geringsten Sonneneinstrahlung, denn es gedeiht auch im Halbschatten. In windgeschützten Gärten ist die Gefahr geringer, dass Pflanzen beschädigt oder sogar umgeblasen werden.

## BODEN

Ein mit Rasen bewachsener Platz bietet die meisten Möglichkeiten, denn hier kann man Beete graben oder Hochbeete und Pflanzgefäße aufstellen. Auf befestigten Flächen sind Hochbeete und Töpfe die einzige Möglichkeit. Mieter sollten aber vorher den Vermieter um Erlaubnis fragen. Ein Vorteil von Pflanzgefäßen: Man kann sie beim Umziehen mitnehmen.

## ZUGANG

Über der Freude, sich einen Nutzgarten anzuschaffen, vergisst man gern einen wichtigen Aspekt: den Zugang. Der ist oft beschränkt, etwa in umschlossenen Hinterhöfen. Gelangt man nur durch das Haus in den Garten, sollte man bedenken, ob große und schwere Materialien durch die Wohnung getragen werden können. Wer eine ausgedehnte Fläche bepflanzt, braucht Platz für einen Schubkarren.

**Wenn ich das Potenzial** eines neuen Areals bewerten muss, zeichne ich gern eine grobe Skizze, wie der Nutzgarten aussehen könnte.

### TIPP

*Legen Sie einen Küchengarten so an, dass die arbeitsintensiven Nutzpflanzen vom Haus aus schnell zu erreichen sind. Die pflegeleichten Gewächse dagegen können ruhig etwas weiter entfernt wachsen.*

# WERKZEUG

Wenn es um Gartenwerkzeuge geht, ist weniger mehr – und definitiv billiger. Außerdem kann man viel mit bloßen Händen erledigen. Ein paar Werkzeuge sollte man aber schon haben.

Die Hände sind das wichtigste Werkzeug für viele Arbeiten, die Geschicklichkeit erfordern, etwa das Ansäen, Ausdünnen und Umtopfen, das Anbinden von Erbsentrieben und Stangenbohnen oder das Testen der Bodenfeuchtigkeit. Ich trage selten Handschuhe, denn für mich ist wichtig, direkten Kontakt zur Erde zu haben, ihre Textur und Feuchtigkeit zu spüren.

**GRUNDAUSSTATTUNG**

Alles, was man für den Eigenanbau braucht, sind ein paar Werkzeuge wie Spaten, Rechen, Grabegabel, Handschaufel, Hammer, Messer und Gartenschere. Sie neu zu kaufen kann ganz schön ins Geld gehen, doch gibt es preiswertere Alternativen (*siehe gegenüber*). Ein Schubkarren ist nützlich, doch tut es auch ein großer Eimer, vor allem, wenn der Garten klein ist.

**Für viele Gartenarbeiten** sind die Hände das einzige Werkzeug, das Sie brauchen, etwa zum Graben von Pflanzlöchern für Setzlinge.

**a. Spaten**
Für das Abscheren von Rasensoden, das Graben von Pflanzlöchern oder das Füllen von Gefäßen mit Kompost- und Gartenerde.

**b. Rechen**
Für das Vorbereiten von Böden oder Zusammenharken von Laub und Grasschnitt. Mit dem Ende des Griffs kann man flache Saatrillen in Beete ziehen.

**c. Grabegabel**
Um Böden umzugraben, tief wurzelndes Gemüse zu ernten oder Stecklinge aus der Erde zu hebeln, damit man sie anderswo wieder einpflanzen kann.

**d. Handschaufel oder Handspaten**
Um Pflanzgefäße und Elemente mit Erde zu füllen, etwas umzupflanzen oder größere Unkräuter zu jäten.

**e. Hammer**
Sehr nützlich, um Komposter und Hochbeete zu konstruieren oder Kohlstrünke vor dem Kompostieren zu zerkleinern.

**f. Messer**
Um Schnüre zu schneiden und Gemüse zu ernten, außerdem für viele weitere kleine Aufgaben.

**g. Gartenschere**
Zum Schneiden von Stauden, Ernten von Gemüse und Vorbereiten von Steckhölzern.

**h. Bohrschrauber**
Um Komposter und Hochbeete zu verschrauben.

**i. Säge**
Um Hochbeete und andere Konstruktionen zu bauen.

a

b

c

d

e

f

g

h

i

### »GRATIS«-WERKZEUG

Es gibt zwei schnelle und einfache Möglichkeiten, Werkzeug aufzutreiben oder gegen ein anderes einzutauschen. Die erste Möglichkeit: Organisieren Sie einen Werkzeugring. Tun Sie sich mit Freunden oder Nachbarn zusammen und bitten Sie alle, eine Liste ihrer Werkzeuge zu erstellen. Sobald Sie wissen, was jeder hat, können Sie feste Zeiten arrangieren, in denen man Werkzeuge von anderen ausborgen kann. Solange jeder das Eigentum anderer pfleglich behandelt und eventuelle Schäden bezahlt, funktioniert dieses System.

Eine weitere Möglichkeit sind Tauschläden, ob online oder vor Ort. In jedem Haushalt gibt es Dinge, die man loswerden möchte, die andere aber gut brauchen können – warum nicht auch Gartenwerkzeug? Kein Geld muss den Besitzer wechseln, weshalb ich es als kostenlos bezeichne. Auch auf Online-Börsen gibt es gebrauchtes Werkzeug. Es ist oft in gutem Zustand und von ordentlicher Qualität.

# DEN GARTEN ANDERER NUTZEN

Wer keine Fläche unter freiem Himmel hat, braucht nicht zu verzagen: Viele Leute haben weder Zeit noch Energie, sich um ihren Garten zu kümmern, und freuen sich, wenn man ihm gegen einen Anteil am Geernteten neues Leben einhaucht.

Oberstes Gebot dabei ist immer, die Wünsche der Besitzer zu respektieren. Wenn der Rasen unversehrt bleiben soll, graben Sie ihn nicht um – nicht einmal das kleinste Eckchen. Klare Absprachen zwischen Nutzer und Eigentümer sind das A und O. Sprechen Sie alle Pläne durch, um Missverständnisse und schlimmstenfalls den Verlust der Nutzungsrechte zu vermeiden.

### CHECKLISTE

Sind Ihre Erwartungen realistisch? Gehen Sie zunächst die GWABZ-Checkliste durch (siehe Seite 14–15) und fragen Sie sich:

- Kann ich den Garten zu Fuß oder mit dem Rad bequem erreichen?
- Verstehe ich mich mit den Gartenbesitzern?
- Gibt es viele Einschränkungen?
- Gelangt man nur durch das Haus in den Garten?
- Wie regelmäßig kann ich im Garten arbeiten?

### DIE CHEMIE MUSS STIMMEN

Verlassen Sie sich auf Ihr Bauchgefühl. Übernehmen Sie den Garten nicht, wenn Sie sich nicht sicher sind. Sowohl Sie als auch die Besitzer müssen dem Arrangement vorbehaltlos zustimmen.

**Viele Gartenbesitzer** suchen jemanden, der sich um ihren Garten kümmert, so auch einer meiner Nachbarn (*oben*) und diese Frau (*links*), in deren Londoner Pension ich übernachtete, als ich meinem Verlag einen Besuch abstattete. Leider wohne ich zu weit weg – in Wales.

**WIE KOMME ICH ZU EINEM GARTEN?**
Hier einige Vorschläge, wie und wo Sie sich auf die Suche nach einem »Leihgarten« machen können.

**Lokale Social-Media-Gruppen**
Ideal sind tauschladenähnliche Online-Börsen bzw. -Flohmärkte, auf denen man handeln, verkaufen oder um Empfehlungen bitten kann. Soziale Medien sind die einfachste und wirkungsvollste Plattform – über sie erreicht man möglichst viele Mitglieder der örtlichen Gemeinschaft. Gesuche können markiert oder an Nichtmitglieder weitergeleitet werden.

**Flugblätter**
Entscheiden Sie vorab, wie weit Sie zu gehen bzw. fahren bereit sind, oder verteilen Sie die Zettel in bestimmten Straßen. Am besten kommen kurze, höfliche und auf den Punkt gebrachte Gesuche an.

**Gartenbauvereine**
Manche Grundbesitzer kontaktieren örtliche Gartenbauvereine, wenn sie jemanden suchen, der sich um ihren Garten kümmert. Machen Sie online, in Gemeindezentren oder der örtlichen Presse einen Gartenbauverein in Ihrer Nähe ausfindig.

**EIN TRAGFÄHIGES ARRANGEMENT**
Sowohl Sie als auch die Gartenbesitzer müssen von der Vereinbarung profitieren – nur dann funktioniert sie. Wenn Sie einen Garten suchen, sollten Sie immer einen Anteil an der Ernte als Gegenleistung bieten. Jeder lässt sich gern mit gesundem, selbst gezogenem Gemüse versorgen, für das er keinen Finger zu rühren braucht. Deshalb geht es auch ohne Geld.

Legen Sie von vornherein fest, ob die Besitzer einen Teil der Gesamternte bzw. ihres Lieblingsgemüses bevorzugen oder lieber regelmäßig eine Gemüsekiste zur Verfügung gestellt bekommen.

SOWOHL SIE ALS AUCH DIE GARTENBESITZER MÜSSEN VON DER VEREINBARUNG PROFITIEREN.

**GÄRTNERN IN DER STADT**
Wer nach einer Anbaufläche in der Stadt sucht, ist vermutlich in Gemeinschafts- oder Kleingartenanlagen am besten aufgehoben. In vielen darf man mit Genehmigung der Eigentümer anbauen, was man möchte – je nachdem, ob das Areal der Gemeinde gehört oder einer Organisation, die nachhaltige Projekte unterstützt (einige nützliche Links dazu finden Sie auf Seite 190).

Als Guerilla-Gärtnern wird der – oftmals heimliche – Anbau von Nutzpflanzen auf Flächen genannt, die man weder besitzt noch gemietet hat und für die man auch keine Erlaubnis hat, darauf etwas zu kultivieren (siehe Links auf Seite 190). Die Praxis ist umstritten, und ich will sie auch nicht empfehlen, denn wenn das Areal plötzlich erschlossen oder bebaut wird oder die Besitzer alle Pflanzen vernichten, weil sie keinen Wert auf ungebetene Gäste legen, war die ganze Arbeit umsonst.

# GEMÜSEANBAU AUF TERRASSE, VERANDA ODER BALKON

Terrassen und Veranden sind oft so ausgerichtet, dass sie möglichst viel Sonne abbekommen - kein Wunder, dass dort vieles blendend gedeiht. In großen Pflanzgefäßen können Sie unterschiedlichste Köstlichkeiten heranziehen.

Es macht richtig Spaß, Strategien zu finden, um ein knapp bemessenes Areal möglichst gut zu nutzen. Bei optimaler Planung und Einsatz der nachfolgenden Methoden kann Ihre Terrasse oder Veranda mehr Ertrag liefern als ein kleiner Freilandgarten.

## MISCHKULTUR

Diese Methode beinhaltet unter anderem langsam und schnell reifende Gemüse in einem gemeinsamen Beet anzubauen. Durch die unterschiedlichen Lebenszyklen machen sie sich den Platz nicht streitig: Die am schnellsten erntereifen Pflanzen können geerntet werden, bevor die langsameren ihre volle Größe erreichen. Das spart auch Zeit, da man nicht warten muss und das langsam reifende Gemüse in einem Zug mit dem schnell reifenden pflanzen kann.

Die amerikanischen Ureinwohner kannten eine Mischkulturtechnik, die sie »Drei Schwestern« nannten: Sie bauten Kürbisse, Mais und Stangenbohnen in ein und demselben Beet an. Der hohe Mais diente als Stütze für die Bohnen, während das Laub der kriechenden Kürbisse als lebender Mulch Unkräuter im Zaum hielt und Bodenfeuchtigkeit bewahrte.

## FOLGESAATEN

Mit ein bisschen Voraus-Planung können Sie eine Kultur beginnen, gleich nachdem die vorherige geerntet wurde. Sie können zum Beispiel anfangen Spinat auf der Fensterbank auszusäen, wenn die Stangenbohnen zu blühen beginnen. Sind die Bohnen geerntet und entfernt, können Sie die Spinatpflanzen ins Freiland setzen. Das spart Zeit zwischen den einzelnen Erntedurchgängen, da die Pflanzen schon gut gewachsen und bereit zum Auspflanzen sind, sobald Platz für sie im Beet frei wird (mehr dazu auf Seite 42).

## VERTIKALER ANBAU

Bei dieser Methode werden an Mauern und Begrenzungen befestigte Pflanzgefäße wie alte Dachrinnen genutzt, um Blattsalate zu kultivieren. Oder man zieht Kürbisse an Stäben und Erbsen bzw. Bohnen an Rankgittern. Sie können auch Paletten an Wände stellen, die Lücken mit Geotextilien oder Vlies auskleiden und mit Substrat füllen, in dem Kräuter und Erdbeeren wachsen können. Südwände speichern Wärme und sind daher ein idealer Lebensraum für Sonnenanbeter wie Tomaten, Gurken und Paprika.

## KOMPOSTIEREN AUF KLEINSTEM RAUM

Auf Veranden und Terrassen ist oft nicht genug Platz für einen Komposter. Holzdecks können durch die Feuchtigkeit verrotten. Der ideale Standort ist deshalb eine gepflasterte Fläche. Auf Holzdecks kann man den Komposter aber auch mit Kunststoff ausschlagen, um ein Faulen des Holzes zu verhindern.

## BALKONE

Balkone sind meist schwerer zugänglich als Veranden und Terrassen und nicht beliebig belastbar. Doch sie haben einen Vorteil: Schnecken sind selten ein Problem, sofern man sie nicht einschleppt. Für ein, zwei Pflanzgefäße oder eine Wandbegrünung sollte selbst auf dem kleinsten Balkon Platz sein.

### Das beste Gemüse für Balkone

- Blattsalate
- Stangenbohnen
- Kartoffeln
- Tomaten
- Kürbisse
- Erbsen

**Sonnige Terrassen** sind ein ideales Anbauterrain für Gemüse und Obst (*oben links und rechts*). Arbeiten Sie mit platzsparenden Methoden, wie hochkant gestellten Paletten (*links*), um den Platz optimal zu nutzen.

### DIE BESTEN MEHRJÄHRIGEN NUTZPFLANZEN FÜR DIE TOPFKULTUR

- Alle Kräuter (siehe Seite 92–97)
- Topinambur (siehe Seite 100–101)
- Brombeeren und Hybriden (siehe Seite 102–105)
- Erdbeeren (siehe Seite 106–109)
- Johannisbeeren und Stachelbeeren (siehe Seite 110–115)

# WOHER WASSER NEHMEN?

Wasser und Erde sind die kostbarsten Ressourcen des Gärtners. Leitungswasser steht immer zur Verfügung, kostet aber. Regen- und Grauwasser dagegen ist kostenlos und eignet sich hervorragend zum Gießen.

Sie sollten eine Wasserversorgung und ein Reservoir eingerichtet haben, bevor die Saison in vollem Gange ist. So stellen Sie sicher, dass das wichtige Nass nicht knapp wird, wenn es darauf ankommt.

## REGENWASSER

Regenwasser gibt es umsonst, doch die Schwierigkeit besteht darin, es aufzufangen und zu speichern. Der Ablauf von Dächern lässt sich leicht in große Wasserfässer umleiten. Als kostenlose Alternative zu einem Regenwasser-Ableiter am Fallrohr kann man das Fallrohr in etwa 1,5 m Höhe kappen und bei Regen einen großen Eimer oder eine Mülltonne mit Rädern darunterstellen. Fängt man einmal kein Wasser auf, legt man große Steine um das offene Rohr im Boden, um das fallende Wasser hineinzuleiten.

Dächer von Schuppen, vor allem solche aus Wellblech, sind weitere Gratis-Wasserspender. Man stellt dazu einfach Eimer unter die Traufe und fängt in ihnen das ablaufende Regenwasser auf.

Wer genug Platz hat, kann auch ein eigenes Regenwasser-Sammelsystem einrichten. Dazu nimmt man ein großes Brett oder etwas Ähnliches und lehnt es an eine große, flache Wand. Mit einer alten Regenrinne darunter können Sie das ablaufende Wasser teilweise auffangen und in einen Behälter leiten.

## REGENWASSER AUFFANGEN

Wenn Sie ein Regenwasser-Auffangsystem installiert haben, sollten Sie möglichst viel sammeln, damit Sie bei ausbleibenden Niederschlägen stets über volle Speicher verfügen. Als Wasserbehälter lassen sich große Milchkartons, leere Kanister für Scheibenentfroster, Mülleimer, Bier- und Weinfässer und sogar alte Zinkbadewannen nutzen. Alles, was griffbereit ist und nichts kostet, kann eingesetzt werden – je mehr Sie füllen, desto mehr Wasser haben Sie später für Ihre Pflanzen parat.

## GRAUWASSER

Genutztes Wasser aus Badewannen und Waschbecken verschwindet normalerweise in der Kanalisation. Dabei lässt es sich im Garten wesentlich sinnvoller einsetzen. Beim Abwasch etwa können Sie eine

**Ist Regen vorausgesagt,** stellen Sie Eimer vor die Wand eines Schuppens oder einer Garage ohne Dachrinne. Bei Trockenheit können Sie den zusätzlichen Vorrat vielleicht noch gut brauchen.

**TIPP**

*Ist der Sammelbehälter unter dem Fallrohr voll, füllen Sie das Wasser am besten in andere Gefäße um, damit Sie stets möglichst viel in Reserve haben.*

Schüssel verwenden und den Inhalt nach getaner Arbeit in einen Eimer oder eine Gießkanne schütten, um Saaten, Setzlinge und größere Pflänzchen damit zu versorgen. Clevere zweigen den Abfluss von Spülbecken sogar direkt in einen Eimer ab. Allerdings müssen Seifen und Spülmittel dann zu 100 Prozent aus natürlichen Stoffen bestehen, um Boden und Pflanzen nicht zu schaden. Zudem lässt sich Grauwasser nicht gut lagern, ich versuche deshalb, es binnen weniger Tage aufzubrauchen.

### WASSERSPEICHERNDE BÖDEN

Es ist eine unumstößliche Tatsache: Je gesünder der Boden, desto weniger muss gewässert werden. Beim No-Dig-Gärtnern (siehe Seite 68) wird dem Boden reichlich organische Substanz in Form von selbst angesetzter Komposterde oder gut verrottetem Stallmist zugeführt, damit er Wasser besser hält. Selbst wenn es in meinem Garten einmal zwei, drei Wochen lang nicht regnet, muss ich nur meine Setzlinge, Topfpflanzen und Blattsalate wässern. Die übrigen Gewächse kommen dank der gesunden Bodenstruktur ohne Wasser aus.

**Stellen Sie einen großen Behälter** unter ein abgeschnittenes Fallrohr, um Regenwasser zu sammeln (*links*). Ist er voll, kann man Wasser zusätzlich in Kanister füllen (*oben*).

# ARBEITEN SIE MIT DEM KLIMA

Der Anbau von Nutzpflanzen ohne Berücksichtigung der Klimabedingungen vor Ort ist wie das Backen von Brot, ohne zu wissen, wie man die Hitze im Ofen einstellt. Verluste lassen sich vermeiden, indem man die Pflanzen vor Frost schützt.

Für viele sind Klima und Wetter austauschbare Begriffe. Doch sie bedeuten etwas ganz anderes. Als Klima werden die langfristigen Wetterbedingungen in einer bestimmten Region bezeichnet. Mit dem Wetter dagegen sind die täglichen Ereignisse wie Sonne, Regen, Wind, Temperaturen usw. in einer Gegend gemeint. Der Klimawandel schlägt sich in unvorhersehbaren Witterungsbedingungen und extremen Wetterphänomenen nieder. Beim Anbau von Nutzpflanzen sollte man daher immer auf alles vorbereitet sein. Vor allem auf Fröste und Trockenperioden.

### VOR- UND NACHTEILE

Jedes Klima hat seine Vor- und Nachteile. Ich beispielsweise lebe in einem kühlen und feuchten Klima, wo Pflanzen weniger gewässert werden müssen als in einer heißen, trockenen Gegend. Kohlgewächse und Wurzelgemüse gedeihen bei mir prächtig. Trotz alledem träume ich manchmal von genug Sonne und Wärme, denn dann könnte ich Tomaten und Auberginen draußen heranziehen.

Machen Sie einfach das Beste aus der Situation, indem Sie sich auf Obst und Gemüse konzentrieren, das für Ihren Standort am besten geeignet ist. Erkundigen Sie sich online über das Klima in Ihrer Gegend, die dafür geeigneten Gemüsearten und vor allem, in welchem Zeitraum mit Frösten zu rechnen ist.

### SONNE OPTIMAL NUTZEN

Großen Einfluss auf den Ertrag hat die Lage der Beete. Die meiste Sonne bekommen Pflanzen vor Süd- und Ostwänden, da hier ein warmes Mikroklima herrscht und die vertikalen Flächen tagsüber Wärme speichern, um sie nachts wieder abzugeben. Paprika und Tomaten sind hier am besten aufgehoben.

## FROST

Frost tritt ein, wenn die Außentemperaturen unter 0 °C sinken und Wasser zu Eis gefriert. Manche Gemüsearten vertragen keinen Frost, weil er ihre Zellen irreversibel schädigt und absterben lässt. Sie sollten wissen, wann in Ihrer Gegend im Durchschnitt der letzte Frost im Frühjahr und der erste Frost im Herbst auftritt, denn die warme Zeit dazwischen ist die für Sie relevante Anbausaison. Auf Seite 190 habe ich einige Links dazu aufgeführt.

### WINTERHÄRTE

Einjähriges Gemüse wird nach seiner Winterhärte, also der Fähigkeit, Kälte auszuhalten, in drei Gruppen unterteilt. Winterhartes Gemüse kann Temperaturen bis knapp -8 °C überstehen. Bedingt winterharte Arten vertragen für kurze Zeit einige Minusgrade, während empfindliches Gemüse Frost überhaupt nicht überlebt. Im Kapitel über Einjährige (Seite 116–157) verweise ich für Ihre schnelle Information auf die Winterhärte der einzelnen Arten und Sorten.

Empfindliches Gemüse wie Tomaten sollte im Spätwinter drinnen angesät werden, damit es mit einem Vorsprung in die Saison geht. Nach dem letzten Frost pflanzt man die Setzlinge ins Freiland. Ich beginne bedingt winterharte Einjährige zwei Wochen und empfindliche drei bis vier Wochen nach dem durchschnittlich letzten Frostdatum nach draußen umzusiedeln.

### MEINE VIER-GRAD-REGEL

Ein plötzlicher, unerwarteter Frosteinbruch kann allen sorgsam hochgepäppelten empfindlichen Pflänzchen auf einen Schlag den Garaus machen. Ich behalte immer mehrere Wettervorhersagen im Auge. Meldet

a

b

c

auch nur eine davon eine nächtliche Mindesttemperatur von 4 °C oder sogar noch weniger, treffe ich entsprechende Vorkehrungen. Vorhersagen sind nie zu 100 Prozent genau, deshalb gehe ich mit dieser Untergrenze auf Nummer sicher. Selbst wenn die Temperatur nur kurz bis auf 2 °C abfällt, profitieren wärmeliebende Pflanzen schon vom Schutz.

**SCHUTZ VOR FROST**

Manchmal sinken die Temperaturen noch einmal unerwartet, obwohl man schon alle bedingt winterharten oder empfindlichen Pflänzchen nach draußen gebracht hat. Dann gilt es, sie so rasch wie möglich zu schützen. Hier sind drei schnelle und einfache Methoden, mit denen das gelingt:

**a. Decken**

Stecken Sie um die Kulturen herum ein paar Stöcke in den Boden und legen Sie ein altes Betttuch als Isolierung darüber. Zwei Tücher sind besser als eines. Decken Sie die Beete vor Sonnenuntergang ab, damit noch etwas Tageswärme mit eingefangen wird.

**b. Laub oder Stroh**

Halten Sie einen Sack voll Herbstlaub, Stroh oder Heu griffbereit. Bedecken Sie damit Sämlinge und Jungpflanzen. Am Morgen danach können Sie alles für den Fall, dass Sie es noch einmal brauchen, wieder aufsammeln und in den Sack zurückfüllen.

**c. Kartonschachteln**

Leere Kartonschachteln lassen sich leicht über Einzelpflanzen wie Kürbisse oder Zucchini stülpen. Beschweren Sie die Schachteln aber immer mit Steinen, sonst bläst der Wind sie weg.

»WER SICH SCHLECHT VORBEREITET, BEREITET DAS SCHEITERN VOR« LAUTET EIN SPRUCH. DAS GILT BESONDERS FÜR GÄRTNER IN FROSTGEFÄHRDETEN GEGENDEN.

## WETTEREXTREME

Wappnet man sich rechtzeitig gegen Überschwemmungen, Trockenheit, Hitzewellen, Hagel und Schnee, kann man Schäden auf ein Minimum begrenzen oder sogar verhindern, dass eine ganze Kultur zum Teufel geht. Mehrjährige Gewächse sind in der Regel wesentlich robuster als einjährige und stehen Extrembedingungen besser durch, sieht man einmal von Topfpflanzen ab, die bei Regenmangel verloren sind, wenn man sie nicht wässert. Die folgenden Vorschläge bieten optimalen Schutz bei minimalem Aufwand.

### HAGEL

**Am meisten gefährdet:** Setzlinge und Blattsalate
**Schäden:** zerrupfte Blätter

Plötzlicher Hagel erwischt einen oft kalt. Setzlinge und Blattsalate lassen sich schützen, indem man ein Laken oder eine ähnliche Abdeckung über sie wirft, wenn Hagel vorhergesagt wird. Fallen schon die ersten Körner vom Himmel, gilt es, so rasch wie möglich eine schützende Abdeckung herbeizuschaffen, egal welche. Blattsalate sind aber schnellwüchsig, sodass zerschlagenes Laub bald wieder nachwächst.

### SCHNEE

**Am meisten gefährdet:** Zarte Pflanzen und hohe Kohlgewächse
**Schäden:** Umknicken

Eine Kartonschachtel oder eine über Stöcke gelegte Decke (siehe Seite 25) schützt Blattsalate vor Schnee, doch muss man den Schnee gelegentlich von der Decke streifen, damit sie nicht einsackt und die Pflanzen zerdrückt. Winterhartes Gemüse braucht normalerweise keinen Schutz; lediglich hohe Kohlgewächse sollten von schweren Schneehauben befreit werden.

### WIND

**Am meisten gefährdet:** Hülsenfrüchte
**Schäden:** Umfallen

Die höchsten Pflanzen gehören an den geschütztesten Platz, damit ihnen starker Wind nicht zum Verhängnis wird. Die Stützen für Erbsen und Bohnen drückt man tief in den Boden. Dadurch sind sie für gewöhnlich ausreichend standfest, um die Pflanzen während des Wachstums vom Frühjahr bis zum Herbstanfang aufrecht zu halten.

### TROCKENHEIT

**Am meisten gefährdet:** Sämlinge, Jungpflanzen, Blattsalate
**Schäden:** Ernteausfälle, Schossen

Bleiben Niederschläge länger aus, müssen in erster Linie Sämlinge und Jungpflanzen gewässert werden. Sie können dann nicht an genug Wasser gelangen, da ihr Wurzelsystem noch nicht ausreichend entwickelt ist. Trockenheit versetzt Gewächse wie Blattsalate in Wasserstress. Sie beginnen dadurch zu schossen, setzen also verfrüht Blüten und Samen an, wodurch sie praktisch ungenießbar werden. Wässern Sie daher bei Trockenheit gut. Regelmäßige Neusaaten alle zwei Wochen helfen Ernteausfälle zu verkraften.

PFLANZEN SIND UNTERSCHIEDLICH GUT VOR WETTERSCHÄDEN GEFEIT. SETZEN SIE DESHALB AUF EINE BREITE PALETTE AN ARTEN.

**Schützen Sie Pflanzen** vor Wetterextremen wie Hagel (*oben links*), starken Winden (*oben rechts*), Schnee (*unten rechts*) und trockenheitsbedingtem Schossen (*unten links*).

# FREILAND, HOCHBEET ODER PFLANZGEFÄSS?

Es motiviert schon enorm, wenn man zusieht, wie sich ein Stück nackte Erde mit Pflanzen füllt. Hier erfahren Sie etwas über die Vor- und Nachteile der Gefäß-, Hochbeet- und Freilandkultur.

### PFLANZGEFÄSSE

Der Anbau von Pflanzen in Töpfen macht Spaß und ist unkompliziert. Die Gewächse brauchen in Gefäßen zwar mehr Wasser, aber in einer Gartenecke mit versiegelter Fläche oder auf einem Balkon hat man keine andere Wahl. Ich empfehle sogar, mit der Nutzpflanzenkultur erst einmal in Gefäßen anzufangen, da der Zeit- und Arbeitsaufwand dabei geringer ist. Probieren Sie außerdem zweckentfremdete Pflanzgefäße wie diesen Altreifen aus (unten und Seite 32–33).

Die drei Besten für Pflanzgefäße:

- Kartoffeln
- Blattsalate
- Kräuter

### HOCHBEETE

Ich ziehe fast mein ganzes Gemüse in Hochbeeten (*unten*). Man muss zwar mehr Zeit und Material investieren als bei der Topfkultur, dafür ist die Palette der Pflanzen größer und der Wasserbedarf geringer! Hochbeete können auf Stein, Beton oder Rasen angelegt werden, nicht jedoch auf Holzdecks, da dessen Planken faulen. Hochbeete haben selbst bei Starkregen einen guten Wasserabzug, sodass die Wurzeln nicht im Wasser sitzen, wo sie ersticken und faulen.

Die drei Besten für Hochbeete:

- Erdbeeren
- Wurzelgemüse
- Knoblauch und Zwiebeln

**IM BODEN**

Der große Vorteil der Bodenkultur: Die Erde steht ohne zusätzlichen Aufwand zur Verfügung. Dank der großen Bodentiefe ist diese Art des Anbaus auch besser für tief wurzelnde und mehrjährige Pflanzen wie Rhabarber (*rechts*) geeignet. Allerdings sollte man in Stadtgebieten prüfen, ob nicht Bodenkabel oder Abwasserrohre unterirdisch verlaufen. Wer Rückenbeschwerden hat, für den ist allerdings ein Hochbeet leichter zu bearbeiten.

Die drei Besten für die Freilandkultur:

- Rhabarber
- Kohlgewächse
- Stangenbohnen

**DIE MISCHUNG MACHT'S**

Ideal ist eine Mischung aller drei Möglichkeiten. Was das Beste ist, hängt von den Umständen ab. Ich werde im Lauf des Buchs immer wieder die meiner Ansicht nach effektivste Anbaufläche für bestimmte Pflanzen empfehlen, damit Sie den verfügbaren Platz optimal nutzen können, ohne Geld auszugeben.

**EIN VERGLEICH DER ANBAUFLÄCHEN**

| | PFLANZGEFÄSS | HOCHBEET | IM BODEN |
|---|---|---|---|
| Standort leicht zu wechseln | Ja | Nein | Nein |
| Geeignet für beengte Verhältnisse | Ja | Ja (wenn kleine Beete) | Ja (wenn kleine Beete) |
| Gärten ohne freie Erde | Ja | Ja | Nein |
| Wassersparend | Nein | Ja | Ja |
| Wenig Düngen nötig | Nein | Ja | Nein |
| Wenig Jäten nötig | Ja | Ja* | Ja* |
| Wenig Werkzeug nötig | Ja | Nein | Nein |
| Leicht einzurichten | Ja | Nein | Ja |
| Geeignet für mehrjährige Nutzpflanzen | Manche | Ja | Ja |
| Geeignet für Mietobjekte | Ja | Erlaubnis einholen | Erlaubnis einholen |
| Geeignet für Terrassen und Balkone | Ja | Nein | Nein |

* Mit der Mulchmethode (siehe Seite 124)

# PFLANZGEFÄSSE MARKE EIGENBAU

Sie brauchen Gefäße zur Anzucht von Sämlingen, für die Kultur älterer Pflanzen und die Stecklingsvermehrung. Sie müssen dafür aber nicht unbedingt etwas bezahlen. Hier einige Vorschläge, wie Sie kostenlos an Pflanzgefäße kommen.

## FÜR SÄMLINGE

Kleine Gefäße eignen sich bestens für die Aussaat oder das Eintopfen von Stecklingen, etwa von Kräutern. Steckhölzer, wie sie z. B. von Schwarzen Johannisbeeren genommen werden, vermehrt man am besten in größeren Gefäßen, Hochbeeten oder im Freiland.

**a. Leere Klo- und Küchenpapierrollen**
Die Rollen haben zwei große Vorteile: Sie sind erstens leicht zu bekommen und zweitens vollständig biologisch abbaubar. Sobald die Sämlinge darin umgepflanzt werden müssen, setzt man sie einfach mitsamt ihrem Gefäß – also Rolle plus Inhalt – in die Erde. Prächtig gedeihen in Kartonrollen beispielsweise Rote-Bete-, Mangold- und Kohlsämlinge.

Auch für Erbsen und Bohnen, die lange Wurzeln bilden, sind die Rollen wie geschaffen. Beim Umsetzen fällt allerdings unweigerlich unten etwas Substrat heraus. Als Lösung bietet sich an, vier 2–3 cm lange Schlitze in ein Ende jeder Rolle zu schneiden und die dabei entstehenden Lappen nach innen zu schlagen, sodass sie einen geschlossenen Boden bilden.

**b. Töpfchen aus Zeitungspapier**
Biologisch abbaubare Töpfchen aus Zeitungspapier lassen sich mit einem sogenannten Potmaker falten. Diese improvisierten Aussaatgefäße kann man wie Rollen (*oben*) in die Erde setzen. Wer keinen Potmaker hat, schlägt einfach Papier so um eine kleine Dose, dass an einem Ende das Papier ein gutes Stück übersteht, und faltet diesen Überstand grob zu einem Boden zusammen. Mit einer zweiten, kleineren Dose presst man den Boden glatt.

**c. Dosen und Joghurtbecher**
Diese wiederverwerteten Behälter halten drei bis fünf Jahre, bevor sie leck werden und endgültig recycelt werden müssen. Kürbis und Mangold lassen sich darin gut ansäen, doch Sie sollten vorher unbedingt ein paar Löcher in den Boden der Becher und Dosen stechen, damit Wasser ablaufen kann.

**d. Alte Dachrinnen**
Ich nutze diese nützlichen Pflanzgefäße schon eine ganze Weile sehr gern, vor allem zum Ansäen von Erbsen. Es macht einen Riesenspaß, den ganzen Inhalt aus der Rinne in einen vorbereiteten Graben im Hochbeet gleiten zu lassen! Zerschneiden Sie die Dachrinne aber vorher in kürzere Stücke, die in Ihr Beet im Garten passen. Außerdem sollten Sie die Rinne während der Anzucht nicht draußen auf dem Boden stehen lassen, sonst holen sich Mäuse die Bohnen- und Erbsensämlinge. Ausgemusterte Dachrinnen bekommt man auf Wertstoffhöfen oder bei Bekannten, die ihr Hausdach oder ihren Schuppen reparieren oder austauschen lassen.

**e. Eierkartons**
Eierkartons sind die perfekten biologisch abbaubaren Anzuchtmodule für Sämlinge. Statt leere Exemplare in den Müll zu werfen, hebt man sie auf oder sammelt sie von Freunden und Bekannten ein. Kohlgewächse, Blattsalate und Erbsen, aber auch einjährige Kräuter lassen sich gut in Eierkartons ansäen. Beim Um- und Auspflanzen braucht man nur die einzelnen Vertiefungen voneinander zu trennen und jeweils mitsamt dem Sämling in die Erde zu setzen.

a

b

c

d

e

# FÜR ÄLTERE PFLANZEN

## PFLANZGEFÄSSE SELBST BASTELN

Haushaltsgefäße, die nicht mehr gebraucht werden, lassen sich problem- und kostenlos zu Pflanzgefäßen umfunktionieren. Hier habe ich aus einem Altreifen einen Kräutertopf gebastelt, aber die Anleitung passt auch für andere Pflanzgefäße in spe. Auf Seite 36 erfahren Sie, wie hoch sie sein sollten, damit die anvisierten Gewächse darin gut gedeihen.

**1.** Einen kostenlosen Altreifen auftreiben (das sollte kein Problem sein, denn die Entsorgung kostet).

**2.** Einige alte Plastiktüten organisieren, zurechtschneiden, größere Löcher hineinstechen, damit Wasser ablaufen kann, und das Reifeninnere damit ausschlagen. Zwei Tüten verwenden, falls eine nicht reicht.

**3.** Was Sie als Bodenschicht verwenden, hängt davon ab, was Sie anpflanzen wollen. Ich habe kleine Steine genommen, da ich Kräuter pflanzen will, die durchlässige Böden brauchen. Bei Pflanzen, die es feuchter mögen, nimmt man Zweige, Laub oder Grasschnitt.

**4.** Reifen mit einer 50:50-Mischung aus Garten- und Komposterde füllen, den Mix ein paar Tage setzen lassen und dann nachfüllen. Ich habe noch etwas Sand aus einem alten Sandkasten mit hineingegeben, da die Kräuter durchlässiges Substrat brauchen.

**5.** In meinen Pflanzreifen habe ich Kräuter gesetzt, doch kann man ihn auch für Blattsalate, Stangenbohnen und Erdbeeren verwenden.

## EBENFALLS EMPFEHLENSWERT

### Eimer

Ausgemusterte Lebensmitteleimer mit Abzugslöchern bieten sich als Lebensraum für Kopfsalate und Erdbeeren an. Manche Lebensmittelgeschäfte verschenken sie, um sie nicht entsorgen zu müssen. Örtliche Bauunternehmen werfen oft leck gewordene Baustelleneimer weg – mit Erde gefüllt bekommen sie noch einmal einen Sinn.

### Einkaufskörbe

Einkaufskörbe aus dem Supermarkt haben zwar Löcher, doch kann man sie mit Plastiktaschen oder Sackleinen ausschlagen. Dank der Griffe sind sie

1

2

3

zudem leicht transportierbar. Mitunter findet man weggeworfene Exemplare. Haben sie keinen Besitzer mehr, kann man sie mitnehmen.

### Kartonschachteln

Niedrige, mit Müllsäcken ausgekleidete Obst- und Gemüsekartons geben vorzügliche Pflanzgefäße ab. Sie eignen sich vor allem für schnell wachsende Pflanzen wie Radieschen und Blattsalate. Nach der Ernte zerreißt und kompostiert man sie; den Müllsack kann man für den nächsten Karton wiederverwenden.

### Mülleimer

In Mülleimern aus Kunststoff lassen sich Stangenbohnen und Kartoffeln heranziehen. Sie sind preiswert, halten lang und bieten Wurzeln viel Platz.

### Farbdosen

Große Dosen für Farben auf Wasserbasis können Stangenbohnen und Blattsalate beherbergen. Haben sie einen Henkel, kann man etwa Blattsalate damit rasch aus der heißen Sonne in den Schatten schaffen. Sie müssen vor Gebrauch aber gründlich ausgewaschen und mit Abzugslöchern versehen werden.

**Dieser Obstkarton wurde wie der Altreifen** (*siehe Schritt-für-Schritt-Anleitung gegenüber*) mit einer Plastiktüte ausgeschlagen und dient als Pflanzgefäß für Pflücksalat.

### Milchkartons

In Milchkartons mit gekapptem oberem Ende und Abzugslöchern im Boden lassen sich kleinere Pflanzen wie Blattsalate und einjährige Kräuter ziehen. Auf Balkonen schneidet man den Boden ab und hängt sie umgedreht an das Geländer, muss dann aber Löcher in den Deckel stechen.

4

5

SELBST EINE ALTE BADEWANNE LÄSST SICH ALS HOCHBEET NUTZEN – FALLS MAN EINE AUFTREIBT!

**Hochbeete lassen sich aus** unterschiedlichsten Materialien anfertigen, etwa aus Holzaufsatzrahmen (*oben links*), Rundhölzern (*oben rechts*), Ziegeln (*unten links*) und ausgemusterten Traktorreifen (*unten rechts*).

# HOCHBEET-VARIANTEN – KREATIV UND PREISWERT

Einen kostengünstigen Rahmen für Ihr Hochbeet können Sie aus allerlei gebrauchten Materialien zusammenbauen oder aus Weidenruten flechten. Oder Sie verzichten komplett auf eine Einfassung und legen ein simples Hügelbeet an.

Nachfolgend schlage ich Materialien vor, aus denen Sie Hochbeete fertigen können. Meine sind höchstens 1,2×3 m groß. So erreicht man die Mitte von beiden Seiten gut. Gleichzeitig ist das Beet nicht allzu lang, weshalb man weniger in Versuchung gerät, darüberzusteigen, um eine Abkürzung zu nehmen.

### Schlackenbetonsteine

Bei Baustoffhändlern und auf Baustellen bekommt man manchmal schadhafte Blöcke oder Bruchstücke. Die Beetwände aus diesen schweren, stabilen und oft hohlen Steinen zu mauern, ist eine unkomplizierte Angelegenheit. Außerdem kann man das Beet erweitern, indem man ein zweites direkt anschließt, was einfacher ist, als es von Grund auf neu zu bauen.

### Große Steine oder gebrauchte Ziegel

Wer es rustikal mag, kann sich aus dem Schutt abgerissener Gebäude Steine oder Ziegel holen (aber vorher um Erlaubnis fragen!). Dazwischen werden allerdings Lücken bleiben, die man im Auge behalten muss, denn darin setzt sich gern Unkraut fest. Mit einer ausreichenden Zahl von Steinen und etwas Kreativität kann man die Seiten des Beets sogar als Trockensteinmauern gestalten.

### Rundhölzer

Ein Baum muss gefällt werden? Das ist die Gelegenheit, Hochbeete aus Rundhölzern zu zimmern. Fragen Sie Freunde und Nachbarn, ob bei ihnen Fällarbeiten anstehen und sie Verwendung für das dabei anfallende Holz haben. Ideal ist es, wenn Sie die Hölzer auf die passende Länge zuschneiden lassen können. Verrottet das Holz irgendwann, kann man es noch für Hügelbeete verwenden (siehe Seite 39).

### Flechtbeete

Fragen Sie Besitzer von Haseln und Weiden, ob Sie nicht im Winter einige Ruten abschneiden können. Die flechten Sie zu einer Wand für Ihre Hochbeete. Mit etwas Übung gelingen Ihnen erstaunliche Konstruktionen – und sogar Rundbeete! Die Ruten müssen mit der Zeit ersetzt werden, weshalb Sie sich mit den Besitzern der Gehölze gut stellen sollten.

### Traktorreifen

Mit einem großen Traktorreifen hat man im Handumdrehen ein fertiges Hochbeet. Schlagen Sie das Innere aber mit Müllbeuteln aus Plastik aus (nicht ohne vorher Abzugslöcher hineingestochen zu haben), damit keine Schadstoffe aus dem Gummi in den Boden gelangen.

### Holzaufsatzrahmen

Sie sind das mit Abstand am einfachsten zu konstruierende Hochbeet überhaupt. Die einzelnen Teile werden in einem flachen Paket verschickt und sind im Nu zusammengesetzt.

## WEITERE MÖGLICHKEITEN

Ich habe Ihnen lediglich einige Lösungen vorgeschlagen. Es gibt noch viele weitere Möglichkeiten, Gebrauchtes bzw. Entsorgtes als Baumaterial für Hochbeete zu nutzen. Am einfachsten lässt sich vermutlich altes Holz auftreiben, ist es allerdings mit Holzschutzmitteln behandelt, sollte man die Innenseiten des daraus zusammengebauten Beets mit Müllbeuteln ausschlagen.

# EIN HOCHBEET, DAS NICHTS KOSTET

Aus einer alten Palette kann man ein Hochbeet konstruieren, ohne auch nur einen Cent für Materialien ausgeben zu müssen. Alles daran ist gebraucht: Holzbretter, Klötze und sogar die Nägel.

Paletten werden nach Gebrauch oft als Abfall und Brandrisiko behandelt. Für Sie heißt das: Sie müssen, ganz gleich, wo Sie wohnen, normalerweise nicht lange suchen, bis Sie jemanden finden, der Paletten zu verschenken hat.

### WO MAN PALETTEN AUFTREIBT

Paletten kommen überall dort zum Einsatz, wo Waren transportiert werden. Beginnen Sie Ihre Suche daher

- auf Bauernhöfen und bei Agrarhändlern
- in Warenhäusern und bei Speditionen
- bei Sportvereinen
- auf Wertstoffhöfen
- auf Internettauschbörsen

Stellen Sie die Paletten kurz vor dem Zusammenbauen des Hochbeets draußen in den Regen. Das Holz saugt sich mit Wasser voll, wodurch sich die Paletten leichter zerlegen lassen.

### WIE VIELE PALETTEN?

Ich habe herausgefunden, dass man aus einer einzigen Palette ein Hochbeet mit den Maßen 1,2 × 1,2 m bauen kann, das dann eine Höhe von zwei Brettbreiten hat. Auch wenn das ziemlich flach ist, reicht es doch für etliche Nutzpflanzen, also machen Sie sich keine Gedanken, wenn Sie nur wenige Paletten haben, aber viele Beete bauen wollen. Falls Sie mehr Material haben, bauen Sie höhere Beete, damit wird die Bandbreite an Obst und Gemüse, das Sie darin anbauen können, entsprechend größer (*siehe unten*).

**Eine einzige Palette** reicht für ein 1,2 × 1,2 m großes Hochbeet mit einer Höhe von zwei Brettern.

### WIE HOCH SOLL MEIN HOCHBEET SEIN?

**1 BRETT** Kopfsalat, Spinat, Mangold, Radieschen, Rote Beten

**2 BRETTER** kleine Möhren, Erdbeeren, mehrjährige Kräuter, Bohnen

**3 BRETTER** Kohlgewächse, Kartoffeln, Möhren, Lauch, Rhabarber, Topinambur

**4 BRETTER** Brombeeren, Stachelbeeren

1

2

3

4

# EIN HOCHBEET BAUEN

Mit dieser Schritt-für-Schritt-Anleitung bauen Sie ein zwei Bretter hohes Hochbeet. Das Vorgehen für höhere Beete ist jedoch dasselbe. Das passende Werkzeug und Material sollte vor dem Start bereitliegen.

**1.** Palette flach auf den Boden legen (*siehe Abbildung*) und in die unten genannten Einzelteile zerlegen – ich verwende dafür ein Brecheisen und einen Hammer. Die Bretter zu vier Paaren ordnen – sie bilden später die vier Seiten des Beets.

**2.** Die zwei übrigen Bretter in kürzere Stücke zersägen, um die einzelnen Brettpaare damit zu verbinden. Dazu eines quer über ein Brettpaar legen (*siehe Abbildung*). So abmessen und zuschneiden, dass das Stück so lang ist wie die beiden Bretter breit. Auf diese Weise noch acht weitere Querstücke zuschneiden.

**3.** Je ein kurzes Stück 15 cm von den beiden Enden des Brettpaars entfernt quer auf die Bretter legen und mit den kurzen Nägeln befestigen. Die anderen drei Brettpaare ebenso mit je zwei Querstücken zusammennageln.

**4.** Einen der Klötze aus der Palette an das Ende eines gerade gezimmerten Seitenteils aus je zwei Brettern anlegen und mit zwei langen Nägeln befestigen. Das nächste Seitenteil im 90-Grad-Winkel zum bereits befestigten an den Klotz anlegen und ebenfalls festnageln, sodass eine Ecke entsteht. So fortfahren, bis das Beet komplett ist. Wenn genug Klötze vorhanden sind, auch die zweite Etage an den Ecken verstärken.

### WERKZEUG UND MATERIALIEN

Sie brauchen: Stemmeisen, Hammer, Säge und:

für ein 2 Brett hohes Beet:

- 1 Palette, in 10 gleich lange Bretter zerlegt
- 32 kurze Nägel, gebraucht
- 8 lange Nägel, gebraucht
- 4 Palettenklötze

für jedes zusätzliche Brett, um das das Hochbeet höher wird:

- 6 weitere Bretter
- 16 weitere kurze Nägel
- 8 weitere lange Nägel
- 4 weitere Klötze

# DAS HOCHBEET FÜLLEN

Sobald das Hochbeet fertig ist, kann es befüllt werden. Bei den nachfolgenden Methoden kommen verschiedene organische Materialien zum Einsatz. So ist dafür gesorgt, dass Sie ein nährstoffreiches Substrat für Ihre Pflanzen haben.

Es macht nichts, wenn Sie nicht genug Kompost- oder Gartenerde (siehe Seite 52–53) zum Füllen des Hochbeets haben: Für die Kompostier- und die Einfüllmethode brauchen Sie weder die eine noch die andere.

### DIE STANDARDMETHODE

Neue Hochbeete fülle ich meist mit einer 1:1-Mischung aus Komposterde (oder verrottetem Stallmist) und Oberboden. Wer nicht viel Komposterde hat, füllt das Beet bis 10 cm unter den Rand mit Gartenerde und gibt obenauf eine 5 cm dicke Schicht Komposterde. Fördern Sie das Pflanzenwachstum mit Flüssigdünger (siehe Seite 72–75) und mulchen Sie das Beet jeden Herbst mit einer Schicht Kompost.

**Wer kaum Komposterde hat**, füllt die Beete bis 10 cm unter den Rand mit Gartenerde (Oberboden) und gibt eine dünne Lage Kompost obenauf.

### DIE KOMPOSTIERMETHODE

Hier dient das Beet selbst als Komposthaufen. Man kann zwar erst im zweiten Jahr etwas anpflanzen, bekommt dafür aber sehr nährstoffreiches Substrat!

- **Jahr 1** Füllen Sie das Beet mit Material, das sich leicht zersetzt, etwa Grasschnitt und Küchenabfälle. Nicht ratsam hingegen sind Zweige und Hackschnitzel. Das Material sollte gut geschichtet, am Anfang jedes Monats gründlich durchgemischt und im Winter mit Karton abgedeckt werden.
- **Jahr 2** Wenn Sie jetzt schon etwas anbauen möchten, schneiden Sie im Mai Lücken in den Karton und setzen Sie Zucchinipflanzen hinein (siehe Seite 147). Sie brauchen viele Nährstoffe, aber wenig Wurzelraum. Rechnen Sie mit einer gewaltigen Ernte.
- **Jahr 3** Jetzt können Sie das Beet nach Lust und Laune bepflanzen.

### DIE FÜLLMETHODE

Mit diesem an die Hügelbeetmethode (*siehe gegenüber*) angelehnten Verfahren lässt sich Oberboden unter dem Rasen gut nutzen. Sie brauchen dafür aber einen Rasen, auf dem Sie das Hochbeet anlegen können, ferner grobe organische Substanz zum Füllen des Lochs (ich verwende Hackschnitzel, siehe Seite 70).

- Den Standort des Hochbeets abstecken. Die Grassode und etwa 15 cm Erde abtragen.
- Soden auf den Boden des Lochs legen, dann Hochbeet aufstellen. Loch und Beet bis 5–10 cm über den unteren Bretterrand mit organischer Substanz füllen – sie setzt sich mit der Zeit.
- Darauf die Erde geben, die sich vorher unter der Grassode befand. Zum Schluss das Hochbeet mit selbst angesetzter Komposterde auffüllen, sofern vorhanden.

1

2

3

**DIE HÜGELBEETMETHODE**

Dafür brauchen Sie keine Unmengen Erde und Kompost, denn es werden unterschiedliche Lagen organischer Substanz aufgebaut. Die Methode eignet sich vor allem für höhere Hochbeete und setzt darauf, dass sich die Materialien nach und nach zersetzen, sodass den Nutzpflanzen lange und nachhaltig Nährstoffe zur Verfügung stehen. Zudem speichert das Beet bei Trockenheit lange Feuchtigkeit.

**1.** Auf dem Boden des Beets Zeitungspapier oder noch besser unbedruckten Karton auslegen, damit Gras oder Unkräuter nicht durchwachsen. Dann den Boden des Beets mit Zweigen (Durchmesser ca. 3–5 cm) auslegen. Auch Rundhölzer können verwendet werden, solange ihr Durchmesser nicht größer ist als ein Drittel der Beethöhe.

**2.** Auf die Zweige eine dicke Lage Hackschnitzel geben, dann eine Lage Stroh, Grasschnitt und Stalleinstreu bzw. Herbstlaub (in beliebigen Anteilen), sodass das Beet zu zwei Dritteln voll ist. Diese Materialien sind leicht und sacken daher zusammen.

**3.** Beet vollständig mit einer 1:1-Mischung aus Oberboden und Komposterde füllen. Inhalt mindestens eine Woche – besser noch zwei oder drei Wochen – setzen lassen, dann Komposterde nachfüllen (mindestens 5 cm). Nun kann das Beet bepflanzt werden.

**GEWUSST?**

*Hügelbeete sind im Gegensatz zu Flachbeeten hügelig angelegte Beete, in deren komposthaufenähnlichem Inneren Holz verrottet. In Deutschland und Osteuropa ist diese Form der Kultur schon seit Jahrhunderten bekannt.*

# EIN FLACHBEET ANLEGEN

Verwandeln Sie ein Stück Rasen in ein Beet und Sie können viele einjährige Gemüse wie Bohnen, Kürbisse, Kartoffeln, Kohlgewächse und Rüben anpflanzen. Sie brauchen dafür nur einen Spaten tief Erde, gute Vorbereitung und Begeisterung.

1

### DAS IST ZU BEACHTEN

**Wassersättigung des Bodens**
Pflanzen leiden in nassen Böden, in denen Wasser nach längerem Regen nur langsam versickert. Dafür müssen sie aber bei Hitze und Trockenheit weniger gewässert werden. Durch Einarbeiten von Komposterde verbessert man die Dränage und den Wasserrückhalt.

**Grasinvasion**
Mit einer Einfassung aus Brettern zerlegter Paletten oder dem Abdecken des Bereichs um das Beet herum mit Karton und einer Deckschicht aus Hackschnitzeln verhindern Sie, dass Gras ins Beet wächst.

**Bearbeitung**
Um das Offensichtliche auszusprechen: Beete im Boden sind tief unten. Wer Rückenprobleme hat, ist mit Hochbeeten oder Pflanzgefäßen besser beraten.

**Schnecken**
Beete ohne Einfassung sind für Schnecken ein gedeckter Tisch, vor allem in einer Rasenfläche. Wie man die Pflanzungen vor den Schädlingen schützt, erfahren Sie auf Seite 160–163.

**Erweiterung**
Wenn Sie Ihr Gemüserepertoire erweitern möchten, geht das mit flachen Beeten besonders gut. Sie können ein ganzes System aus 1,2 m breiten Beeten mit Platz für einen Schubkarren dazwischen anlegen.

2

3

4

## DAS BEET ANLEGEN

Wenn Sie das Gras abtragen, ist mit weniger Unkraut zu rechnen, doch lässt sich ein Beet auch ganz ohne Umgraben anlegen. Dazu muss man das Gras nur mit einer dicken Mulchschicht bedecken. Sie brauchen einen Rechen, Kartons und genug Komposterde oder gut verrotteten Stallmist, um das Beet 5 cm hoch aufzuschütten. Wenn Sie nicht genug Erde haben, warten Sie bis zum nächsten Jahr. Legen Sie das Beet im Herbst an, damit es sich bis zum Frühjahr setzt.

**1.** Das Areal für das Beet so kurz wie möglich mähen und mit mindestens drei Lagen Karton bedecken, damit kein Gras durchwächst.

**2.** Eine 5–7 cm hohe Schicht Komposterde auf dem Karton aufhäufen. Haben Sie genug Erde, darf es ruhig auch eine 15 cm dicke Schicht sein.

**3.** Die Erde mit einer 7–10 cm dicken Schicht Hackschnitzel bedecken, damit das Substrat im Winter nicht weggeschwemmt wird.

**4.** Um ein Überhandnehmen von Unkraut zu verhindern, lassen Sie die Hackschnitzel bis zum Bepflanzen auf dem Beet und harken sie dann weg. Vielleicht legen Sie damit einen Weg um das Beet herum an.

### PFLEGE

Ein etabliertes Beet braucht jährlich im Herbst oder Frühjahr mindestens 5 cm frische Komposterde. Gras und Unkräuter werden ausgezupft, sobald man sie bemerkt. Haben Sie nur wenig Komposterde, geben Sie Ihren Pflanzen Flüssigdünger (Seite 72–75) und verteilen Sie frische Beinwellblätter auf der Oberfläche.

### LEERSTELLEN?

Wer nicht das ganze Beet nutzt, sollte unbepflanzte Stellen mit Kartonpapier abdecken und dieses mit Steinen beschweren. Das unterdrückt Unkraut und bewahrt die Qualität des Bodens bis zur Bepflanzung.

# ANBAU AUF DER FENSTERBANK

Fensterbänke sind alles andere als ein Notbehelf: Auf ihnen können Sie Nutzpflänzchen für die Saison vortreiben und so die Erträge kleiner Freiflächen erhöhen. Außerdem reifen hier in den kalten Monaten kälteempfindliche Genüsse heran.

Auf Ihrer Fensterbank können Sie vom Spätwinter bis in den Sommer hinein Nutzpflanzen ansäen, um sie beizeiten nach draußen umzusiedeln. Das hat den Vorteil, dass die Saison früher beginnt und Sie kräftigere Pflanzen bekommen. Außerdem ist der zeitliche Abstand zwischen Aussaat und Ernte geringer, wodurch Sie letztlich mehr ernten.

**EIN SICHERER ORT**

Einer der größten Vorzüge der Fensterbank ist ihr geschütztes, mildes Mikroklima. Ich nutze es, um nicht winterharte Kürbisse und Tomaten vorzuziehen, lange bevor ich sie nach dem letzten Frost ins Freiland umsiedle. So bekomme ich eine größere Ernte, da die Setzlinge schon gut gediehen sind, wenn sie nach draußen umziehen. Außerdem tragen die Pflanzen länger, ihre Früchte entwickeln sich früher und sie haben mehr Zeit zum Reifen.

Fensterbänke bieten nicht nur Schutz vor den Elementen draußen. Viele Sämlinge werden unter freiem Himmel auch Opfer von Schädlingen wie Mäusen und Schnecken. Drinnen reifen sie in ihrer empfindlichsten Lebensphase geschützt heran und sind nach ihrem Umzug nach draußen für Schädlinge lange nicht mehr so interessant.

Der Schutz erstreckt sich jedoch nicht nur auf die Pflänzchen, sondern auch auf mich selbst! Denn es ist alles andere als angenehm, an einem regnerischen, stürmischen Tag in den Garten zu gehen. Aber wenn ich meinen Gemüsenachwuchs auf der Fensterbank stehen habe, muss ich das auch gar nicht. Stets griffbereit steht dort eine umfunktionierte Wasserflasche (siehe Seite 49), mit der ich meine Kulturen sofort wässern kann, wenn sie etwas durstig aussehen.

**GRÖSSERE ERNTE DURCH FOLGESAATEN**

Die Aussaat auf der Fensterbank ist auch eine wichtige Voraussetzung für Folgesaaten. Bei dieser Methode zieht man ein Gemüse auf der Fensterbank vor, solange draußen noch kein Platz dafür ist. Sobald die Freilandpflanzen geerntet sind, können die Nachrücker von der Fensterbank nach draußen umgesiedelt werden und den freien Platz auf der abgeernteten Fläche einnehmen. Das bringt in einer Saison effektiv einen zusätzlichen Monat Anbauzeit, da ein Satz drinnen bereits in den Startlöchern steht, während der vorherige draußen in den Zieleinlauf geht. Besonders nützlich ist diese Staffelung in kühleren Klimazonen, da sie die Anbausaison verlängert.

**MATERIAL FÜR DEN PFLANZENTAUSCH**

Zu guter Letzt lassen sich auf Fensterbänken Sämlinge in Gefäßen heranziehen, die für örtliche Pflanzentauschbörsen gedacht sind (siehe Seite 86–87). So können Sie überschüssiges Saatgut nutzen, um sich Pflänzchen zu beschaffen, die Sie selbst nicht haben.

**Auf Fensterbänken** sind Sämlinge in der ersten, empfindlichsten Phase ihrer Entwicklung vor den Unbilden der Witterung genauso geschützt wie vor Schädlingen und Krankheiten.

**TIPP**

*Wenn Ihre Sämlinge auf der Fensterbank beginnen sich zum Licht hin zu neigen, drehen Sie die Pflanzgefäße um 180 Grad, damit sie wieder gerade wachsen.*

**TIPP**

*Ist Ihr Garten so groß, dass Sie einen Abschnitt einem Freund überlassen können, der keinen eigenen Garten hat? Das Bündeln von Ressourcen und die Aufteilung von Aufgaben erhöht die Produktivität.*

# GUTE GARTENORGANISATION

Nutzpflanzen im eigenen Garten anzubauen, ist nicht nur ein großes Privileg, sondern auch eine fantastische Gelegenheit. Sie können dort nach Belieben schalten und walten und alles ganz auf Ihre Bedürfnisse abstimmen.

Bevor Sie sich aber hinreißen lassen und die gesamte Fläche in einen Küchengarten umwandeln, sollten Sie nicht vergessen, dass vielleicht noch andere Bedürfnisse befriedigt werden wollen. Eventuell brauchen Sie eine Spielfläche für Kinder oder einen sonnigen, geschützten Platz zum Sitzen und Lesen. Beide Erfordernisse lassen sich jedoch durchaus mit dem Anbau von Essbarem verbinden. So können Sie Gemüse in Hochbeeten am Rand eines Rasenstücks oder in Gefäßen neben einer Sitzecke ziehen.

**PRIORITÄTEN UND TIMING**

Mithilfe der GWABZ-Checkliste (siehe Seite 14) bewerten Sie das Potenzial Ihres Gartens. Dann sollten Sie überlegen, wie Sie ihn Ihren Bedürfnissen entsprechend in mehrere Bereiche einteilen.

- Pflanzen Sie Blattsalate und Topfkräuter in Hausnähe, damit sie von der Küche aus gut erreichbar sind.
- Der Komposthaufen gehört in eine ruhige, schattige Ecke am Gartenrand mit etwas zusätzlichem Platz, um ihn bei Bedarf erweitern zu können.
- Sammeln Sie über eine Dachrinne mit Fallrohr Regenwasser und stellen Sie einen großen Eimer für Brauchwasser bereit.
- Mehrjährige Gewächse setzen Sie am besten an das Gartenende, weil sie weniger Pflege brauchen.
- Einjähriges Gemüse pflanzen Sie idealerweise vor eine Südwand, wo es möglichst viel Sonne abbekommt. Ist das nicht möglich, sollte es wenigstens eine Ostwand sein.
- Lassen Sie Platz für einen Sitzbereich zum Entspannen – vielleicht gegenüber des einjährigen Gemüses, damit Sie es im Auge behalten können.
- Pflanzen in Töpfen und Sämlinge in Multitopfplatten stellen Sie am besten in die Nähe einer Wasserquelle, da Gefäße schneller austrocknen als Hoch- oder Flachbeete.

Meine Vorschläge sind als Richtschnur gedacht, doch sollten Sie flexibel bleiben und den Plan ändern, falls bestimmte Elemente nicht funktionieren oder sich Ihre Bedürfnisse ändern. Bevor Sie etwas in Stein meißeln, empfehle ich, zwei wesentlichen Elementen Rechnung zu tragen: der Wasserquelle bzw. -speicherung und dem Kompostieren. Ist das geklärt, können Sie mit dem Anlegen des Gartens beginnen.

Wollen Sie an erster Stelle möglichst viel Essbares anbauen, gehen Sie die erste Saison trotzdem langsam an. Der Zeit- und Arbeitsaufwand für eine akzeptable Menge Obst und Gemüse wird nur zu leicht unterschätzt. Untergliedern Sie die Fläche in einzelne Abschnitte und verteilen Sie die Arbeit auf einen realistischen Zeitraum. Wenn Sie nicht alles auf einmal erledigen müssen, ist das eine große Erleichterung und lässt Ihnen zudem Muße, über eine langfristige Anbaustrategie nachzudenken (siehe Seite 182–183).

**Ich habe alles** mit Hackschnitzeln gemulcht, um Unkräuter im Zaum zu halten, und eine vielfältige Gartenlandschaft geschaffen. Manches ziehe ich in Gefäßen, etwa Kürbisse, anderes in Hochbeeten, z. B. Blattsalate.

# WERKZEUG SELBST BASTELN

Vieles, was man nicht mehr braucht, lässt sich zu Gartenwerkzeug umfunktionieren. Das macht Spaß und kostet so gut wie nichts. Die Borsten von Besen und Bürsten sind irgendwann kaputt, aber die Holzgriffe kann man problemlos wieder verwenden.

Hier lege ich Ihnen ein paar Werkzeuge ans Herz. Sie sind schnell gemacht und leicht einzusetzen. Die meisten Einzelteile gibt es in fast jedem Haushalt oder sie lassen sich leicht besorgen.

**a. Pflanzholz**
Mit einem Pflanzholz kann man beim Aussäen größerer Samen (z. B. von Bohnen) und Umpflanzen von Setzlingen (etwa von Lauch) Löcher ins Erdreich bohren, ohne es groß in Unordnung zu bringen. Besonders gut eignet sich dafür ein hölzerner Spatenstiel. Sein unteres Ende können Sie mit einem Messer anspitzen. So bekommen Sie ein extralanges, rückenschonendes Pflanzholz.

**b. Saatrillenzieher**
Dieses einfache Werkzeug braucht man zum Ziehen von Saatrillen in Hoch- und Flachbeeten. Nehmen Sie einen alten Besenstiel oder einen dicken Bambusstab mit mindestens 2 cm Durchmesser. Messen Sie nun die Breite Ihres Beets und schneiden Sie den Stiel oder Stab fast so lang zu, wie das Beet breit ist. Eine Rille wird gezogen, indem man den Rillenzieher dort auf das Beet legt, wo die Saatrille verlaufen soll, in das Erdreich drückt und wegnimmt. Zurück bleibt die Rille.

**c. Erd- und Wasserschöpfer**
Kanister für Autoscheibenreiniger oder destilliertes Wasser geben ausgezeichnete Schöpfkellen ab, denn sie haben einen Griff und eine wasserdichte Verschlusskappe. Sie sind im Handumdrehen gebastelt: Man schneidet einfach die untere Hälfte des Behälters mit einer Schere schräg ab.

**d. Messlatte**
Die Samen von ein- und mehrjährigen Nutzpflanzen müssen je nach endgültiger Größe der einzelnen Pflanzen in unterschiedlichen Abständen ausgesät werden. Mit einer Messlatte Marke Eigenbau bekommen Sie das optimal hin. Sie brauchen ein rund 60 cm langes Holzstück (etwa eine Dachlatte, ein Brett aus einer Palette, einen Stock oder einen Besenstiel), ein Lineal und einen Permanentmarker. Zeichnen Sie mithilfe des Lineals und des Markers Messstriche auf das Holzstück. Mit der Zeit werden Sie die Messlatte immer seltener brauchen, weil Sie einen Blick für die Abstände bekommen.

**e. Sämlings-Sprühflasche**
Die Wassermenge und den Wasserdruck einer normalen Gießkanne vertragen zarte Sämlinge nicht – sie können dadurch Schaden nehmen. Eine wesentlich sanftere Dusche bekommen Ihre Salatpflänzchen mit einem Zerstäuber. Gut eignen sich dafür beispielsweise die Sprühflaschen von ungiftigen Dusch- und Fensterreinigern oder anderen unbedenklichen Haushaltsmitteln. Sie müssen vor Gebrauch aber gut ausgewaschen werden.

a

b

c

d

e

# GIESSKANNEN NACH BEDARF

Aussaaten und Sämlinge sind empfindlich und müssen vorsichtig gewässert werden. Ältere Pflanzen dagegen sind mit einem ordentlichen Guss besser bedient. Basteln Sie Gießkannen, die exakt auf den jeweiligen Einsatz zugeschnitten sind.

Mit den nachfolgend beschriebenen, selbst gemachten Gießkannen lassen sich alle in diesem Buch erwähnten Pflanzen zu jedem Zeitpunkt ihrer Entwicklung angemessen wässern. Sie wiegen wenig und spenden unterschiedlich viel Wasser. Welche Kanne Sie einsetzen, hängt von der zu wässernden Pflanze ab.

## GIESSEIMER

Dieses Utensil ist die kostenlose Version einer Gießkanne mit Brauseaufsatz. Sie brauchen zwei gleich große Eimer oder einen mit Henkel, der in einen zweiten, geringfügig größeren passt. Ich verwende Eimer, in denen Meisenknödel verkauft werden – bekommen habe ich sie von Freunden und Nachbarn, die im Winter Vögel im Garten füttern.

**1.** In den Boden eines der beiden Eimer, möglichst des kleineren, Löcher bohren. Soll der Eimer zum Wässern von Blattsalaten und Sämlingen verwendet werden, viele kleine Löcher bohren. Für alles andere reichen größere Löcher (am besten beide Versionen basteln, falls genug Eimer vorhanden sind). Löcher nur bohren, nicht mit Hammer und Nagel schlagen, da der Boden sonst reißt. Ggf. Bohrmaschine borgen.

**2.** Den Eimer mit Löchern in den unversehrten Eimer stecken und mit Wasser füllen. Ich tauche sie bevorzugt in eine Wassertonne, doch kann man das Wasser auch mit einem weiteren Gefäß hineinschöpfen.

**3.** Beide Eimer zu den zu bewässernden Pflanzen tragen. Den inneren, durchlöcherten Eimer herausholen und über die Pflanzen halten (*siehe gegenüber*). Ist genug gegossen, den durchlöcherten Eimer wieder in den intakten äußeren stellen.

1

2

**TIPP**

*Bei mir steht immer eine mit Regenwasser gefüllte Flasche neben den Setzlingen auf der Fensterbank. So kann ich sie an warmen Tagen täglich wässern.*

3

**Ideal zum Wässern von Setzlingen:** eine Wasserflasche mit durchlöcherter Verschlusskappe.

### WASSERKANISTER

Leere Kanister, etwa für Scheibenreiniger oder destilliertes Wasser, sind ideale Gießkannen, denn sie kosten nichts, sind mit einem Griff versehen, wiegen kaum etwas und haben Schraubverschlüsse, sodass beim Herumtragen kein Tropfen vergeudet wird. Natürlich passt nicht so viel Wasser in sie hinein wie in Gießkannen, weshalb man sie häufiger auffüllen muss. Umfunktionierte Wasserkanister eignen sich vor allem zum Wässern einzelner mehrjähriger und einjähriger Pflanzen sowie schon größerer Setzlinge, nicht hingegen für gerade ausgetriebene Keimlinge, die der starke Strahl verletzen kann.

### WASSERFLASCHE

Eine umfunktionierte Plastikwasserflasche gehört zu den nützlichsten Gartenutensilien und hält zudem jahrelang. Sie eignet sich vor allem zum vorsichtigen Wässern empfindlicher Setzlinge mit feiner Brause. Besorgen Sie sich eine leere Halbliterflasche, waschen Sie sie aus und hämmern Sie mit einem sehr dünnen Nagel vorsichtig sieben winzige Löcher in die Verschlusskappe. Flasche mit Wasser füllen, Deckel aufschrauben – und schon ist die Gießflasche fertig. Sie können Setzlinge allerdings auch mit der auf Seite 46 beschriebenen Sämlings-Sprühflasche wässern.

# EIGENE KOMPOSTERDE HERSTELLEN

WIE SIE KOSTENLOS ZU NÄHRSTOFFREICHER ERDE KOMMEN

# GARTEN- UND KOMPOSTERDE: DIE BASICS

Wenn Sie Ihr eigenes Obst und Gemüse anbauen wollen, brauchen Sie Garten- und Komposterde. Obwohl die beiden sich ähneln, hat jedes Substrat seine speziellen Vorzüge und es dauert ganz unterschiedlich lange, bis sie entstehen.

Man unterscheidet viele verschiedene Bodentypen, aber ich halte es gern einfach: Wenn ich von Gartenerde spreche, meine ich den Oberboden, also das braune Erdreich, das man beispielsweise unter einer Rasenfläche findet. Er besteht aus organischer Substanz (Humus), Mikroorganismen, Mineralien, Luft und Wasser und hat einen hohen Gehalt an Nährstoffen.

Unter dem Oberboden befindet sich der Unterboden. Er ist wesentlich heller, enthält weniger organische Substanz sowie Mikroorganismen und ist bisweilen von größeren Steinen durchsetzt.

Es dauert Jahrhunderte, bis Erde durch Verwitterung von Stein entsteht. Für 1 cm Oberboden, der als nicht erneuerbare Ressource gilt, rechnet man mit durchschnittlich 200 Jahren.

### WAS IST KOMPOSTERDE?

Komposterde entsteht durch Zersetzung organischer Substanz, ist reich an Nährstoffen und dunkler als Oberboden. Sie begünstigt die Etablierung nützlicher Mikroorganismen, die Untersuchungen zufolge entscheidend für gesunde, gegen Krankheiten widerstandsfähige Pflanzen sind, vor allem wenn man das Erdreich nicht oder nur wenig umgräbt (siehe No-Dig-Gärtnern auf Seite 68).

Gute Komposterde aus Grasschnitt, etwas geschreddertem Papier und abgefallenem Laub kann schon nach nur drei Monaten fertig sein, ich ziehe es aber vor, mit der Natur zu arbeiten, und produziere Komposterde in einem jährlichen Zyklus aus vielen organischen Abfallstoffen (siehe Seite 64–67). Das garantiert, dass sie gut verrottet ist und alle Nährstoffe in einem ausgewogenen Verhältnis enthält. Ein Jahr hört sich lang an, ist aber ein Klacks verglichen mit der Entstehungszeit von gutem Oberboden.

### KOMPOST- ODER GARTENERDE?

Man kann Pflanzen rein in Kompost- und rein in Gartenerde kultivieren (siehe Seite 38–39). Aber wenn ich zwischen beiden wählen müsste, würde ich Komposterde nehmen, da sie in der Regel nährstoffreicher ist.

**Die Unterschiede** zwischen Ober- und Unterboden sind in dieser Querschnittaufnahme deutlich zu erkennen.

**Gartenerde** (*links*) **und Komposterde** (*rechts*) unterscheiden sich sichtlich. Komposterde ist dunkler und klumpiger, Gartenerde heller und feiner.

## DIE MISCHUNG MACHT'S

Das ideale Pflanzsubstrat besteht aus gleichen Teilen Garten- und Komposterde, denn Oberboden gemischt mit Komposterde ist stets nährstoffreicher als reiner Oberboden. Allerdings haben Sie vielleicht zu Beginn Ihrer Gartenaktivitäten noch keine oder nicht genug fertige Komposterde. Sie können dann Erde in Säcken zukaufen oder aus Kompostieranlagen holen, bis Ihr eigener Komposthaufen genug verrottete organische Substanz liefert.

### TIPP

*Wenn Sie Ihre Nutzpflanzen ausschließlich in Komposterde kultivieren, muss diese aus möglichst vielen unterschiedlichen Ingredienzen angesetzt werden, damit sie eine ausgewogene Nährstoffmischung enthält.*

# SELBST GEMACHTE KOMPOST-ERDE VERWENDEN

Für Komposterde gibt es im Garten etliche Verwendungsmöglichkeiten. Sie kann zum Beispiel jungen Pflanzen einen guten Start ermöglichen oder dafür sorgen, dass ausgereifte Gewächse ordentliche Erträge bringen.

Komposterde ist so etwas wie Kraftstoff für den Garten: Ein Auto funktioniert nicht ohne Kraftstoff und ein Garten nicht ohne gute Erde. Selbst angesetzter Kompost enthält allerdings manchmal Unkrautsamen, weshalb man unerwünschte Sämlinge sofort auszupft, sobald man sie bemerkt. Wenn Ihnen die Unterscheidung zwischen einem Gemüse- und Unkrautsämling schwerfällt, warten Sie, bis sich ein Paar echter Blätter gebildet hat, denn daran sind Pflanzen einfacher zu erkennen. Wer schön in einer Reihe aussät, tut sich ebenfalls leichter: Aus der Reihe tanzende Pflänzchen sind mit großer Wahrscheinlichkeit Unkräuter.

## AUSSAAT

Viele Gemüsesorten wachsen einjährig und müssen jedes Jahr neu angesät werden. Oft werden dafür spezielle Aussaaterden angeboten, doch im Grunde können Sie diese auch selbst machen. Reine Komposterde ist als Anzuchterde zu nährstoffreich. Die feinen Würzelchen der Keimlinge könnten darin verbrennen. Nehmen Sie deshalb Sand oder lockeren Oberboden und mischen Sie nur wenig Komposterde darunter. Bei sehr kleinen Samen, etwa von Kopfsalat oder Tomaten, schlagen manche vor, die Erde zuerst zu sieben. Die Mühe mache ich mir nie – die Körnchen treiben trotzdem aus. Man kann direkt in Hochbeete, Kästen oder kleine Töpfe aussäen.

## UMTOPFEN UND UMPFLANZEN

Dicht gesäte Kohlgewächse und Blattsalate müssen irgendwann vereinzelt werden, damit sie Platz zum Wachsen haben. Ich setze sie in Einzeltöpfe, die ich mit einem Gemisch aus fertiger Komposterde aus meinem Komposthaufen und Gartenerde fülle. Andere Setzlinge brauchen eventuell größere Gefäße (und mehr Komposterde), damit sie ordentlich zulegen, bis das Wetter warm genug ist. Wenn Sie beispielsweise Tomaten ausgesät haben und das Frühjahr später als erwartet kommt, müssen Sie die wüchsigen Pflänzchen noch ein- oder zweimal umsiedeln, sonst wird es ihnen in ihren Töpfen zu eng.

Auch für das Umpflanzen von Setzlingen ins Freiland oder Hochbeet brauchen Sie Komposterde. Sofern Sie die Jungpflanzen nicht direkt in frische Komposterde setzen, sollten Sie immer eine Portion in das ausgehobene Pflanzloch geben. So werden die Pflänzchen in ihrem neuen Zuhause mit einer ordentlichen Ladung Nährstoffe willkommen geheißen.

Beim Umpflanzen von stark zehrendem Gemüse wie Kohlgewächsen in ein Hochbeet geben Sie eine Handvoll Komposterde auf den Boden des Pflanzlochs. Wenn Sie Ihre Pflanzen beim Umziehen jedes Mal mit einer solchen Extraportion verwöhnen, danken sie es Ihnen. Vor allem mehrjährige Arten brauchen eine gute Starthilfe. Für eine junge Schwarze Johannisbeere etwa hebt man ein Pflanzloch aus, das zweimal so groß wie der Wurzelballen des Strauchs ist, und kleidet es mit Komposterde aus.

## BÖDEN VERBESSERN UND SCHÜTZEN

Einmal im Jahr fülle ich meine Hochbeete und Pflanzgefäße mit einer rund 5 cm dicken Schicht Komposterde auf, die verbrauchte Nährstoffe zurückbringt (siehe Seite 156). Das Mulchen von Hochbeeten und mehrjährigen Gewächsen begünstigt ein reges Bodenleben aus nützlichen Pilzen und Mikroben, was das Pflanzenwachstum fördert und die Anfälligkeit für Krankheiten senkt. Die organische Substanz verbessert obendrein die Wasserspeicherfähigkeit des Bodens und hält so die Pflanzen bei Regenmangel gesund.

**Komposterde** braucht man beim Ansäen (*ganz oben links, oben links*), Umpflanzen (*ganz oben rechts*) und als Bodenverbesserer (*oben rechts*).

### OHNE KOMPOSTERDE AUSKOMMEN

Sie müssen in der ersten Saison in Ihrem Küchengarten ohne Komposterde auskommen? Kein Problem: Mit diesen vier Ersatzstoffen als Mulch werden Ihren Böden trotzdem alle wichtigen Nährstoffe zugeführt.

- eine dünne Lage Grasschnitt alle paar Wochen
- eine 1 cm dicke Lage Kaffeesatz einmal im Monat
- eine Dosis Flüssigdünger jeden Monat (Seite 72–75)
- etwas Holzasche, jährlich auf dem Boden verteilt

# DER KOMPOSTHAUFEN

Ein Spruch unter Gärtnern lautet: Die beste Zeit zum Pflanzen eines Apfels war vor sieben Jahren, die zweitbeste Zeit ist jetzt. Das lässt sich auch auf das Anlegen eines Komposters anwenden, aber hier braucht es zum Glück nur ein Jahr, um aufzuholen.

Wenn Sie eine große Ernte einfahren möchten, ohne dafür Geld auszugeben, kommen Sie um einen Komposter nicht herum. Er ist die wichtigste Einrichtung eines erfolgreichen Nutzgartens – ganz gleich, ob Sie einen, vier oder noch mehr auf Ihrem Grundstück stehen haben wollen.

## FÜLLEN

Der Komposthaufen sollte so schnell wie möglich »beladen« werden. Je früher Sie sich ans Werk machen, desto eher beginnt der Verrottungsprozess. Nach spätestens einem Jahr sollte bereits beste Komposterde zur Verfügung stehen. Werfen Sie Abfälle aus dem eigenen Haushalt und Organisches aus anderen Quellen hinein (siehe Seite 64–67).

Mit der Zeit werden Sie lernen, woher Sie wann das beste Material bekommen – spätestens wenn der Komposter das erste Mal voll ist, haben Sie das entsprechende Know-how. Dann können Sie allmählich darüber nachdenken, ob Sie nicht vielleicht noch weitere Haufen anlegen.

## WANN IST DIE KOMPOSTERDE FERTIG?

Nach einem Jahr. Das klingt lang, aber im ersten Jahr sollten Sie sich nicht zu viel Gedanken darüber machen: Vor allem wenn Sie sich im ersten Jahr auf mehrjähriges Gemüse konzentrieren (siehe Seite 78), kommen Sie durchaus einmal ohne eigene Komposterde über die Runden, solange sie genug Oberboden (siehe Seite 38) haben. Ich empfehle, den Komposthaufen eine Saison lang jeden Monat zu wenden, sobald er voll ist. So liefert er bereits binnen sechs Monaten die erste brauchbare Komposterde – hoffentlich genau rechtzeitig für den Herbst, wenn Sie Mulchmaterial benötigen.

Es ist aber auch keine schlechte Idee, die ganze Sache erst einmal gemächlicher anzugehen und sich im ersten Jahr auf die Fertigstellung der Infrastruktur zu konzentrieren, statt sofort mit dem Ansäen und Bepflanzen zu beginnen. Dann können Sie im zweiten Jahr, wenn genug Komposterde zur Verfügung steht, so richtig loslegen.

Der beste Standort für einen Komposthaufen ist eine schattige Gartenecke, da sich ein sonnenarmer Winkel sowieso nicht für den Anbau von Nutzpflanzen eignet. Das ist zwar nicht ganz ideal, weil Wärme den Zersetzungsprozess beschleunigt und ein sonniger Platz somit schneller Resultate liefern würde. Aber es tut dem Ergebnis keinen Abbruch: Komposterde bekommen Sie auf jeden Fall – es geht nur etwas langsamer. Wichtig ist auch die Menge: Je größer der Haufen und je mehr Sie hineinwerfen, desto schneller läuft die Zersetzung ab. Viel Material heizt sich nämlich schneller auf und hält die Wärme überdies besser als ein kleiner Komposthaufen.

Komposterde ist die Währung des Gartens und lässt Ihre Pflanzen wachsen und gedeihen. Man hat nie zu viel davon – je mehr da ist, desto mehr Obst und Gemüse kann man anbauen. Wichtig ist aber gutes Haushalten: Sollte der Vorrat einmal zur Neige gehen, muss man rationieren und etwas für Aussaaten und zum Mulchen aufheben. Allerdings kann man Komposterde mit Laubhumus (siehe Seite 59) oder Oberboden strecken.

**Wenden Sie** den Inhalt Ihres Komposters alle ein, zwei Monate, um die Zersetzung der Materialien zu beschleunigen.

a
b
c
d

# KOMPOSTER FÜR DEN KLEINEN GELDBEUTEL

Wo ein Wille ist, ist auch ein Komposthaufen. Selbst für Terrassen und Balkone gibt es Lösungen in Form von Minikompostern. Suchen Sie sich die Variante aus, die für Sie am besten passt.

Es gibt Komposter, die man problemlos aus gefundenem oder kostengünstig zu bekommendem Material zusammenbauen kann. Hier einige Vorschläge:

**a. Komposter aus Palettenbrettern**
Ich konstruiere meine Komposter aus den Brettern zerlegter Paletten und gebrauchten Holzpfosten. Sie lassen sich leicht zusammenbauen (siehe Seite 60–61).

**b. Komposter aus ganzen Paletten**
Dies ist die Instantversion von a. Vier ganze Paletten werden mit Draht oder einer Schnur zu einem quadratischen Komposter zusammengebunden. Wenn Aussehen keine Rolle spielt und die Konstruktion schnell gehen muss, ist dies genau das Richtige.

**c. Drahtkäfig**
Für diesen einfachen Komposter kann man gebrauchten Hasen- bzw. Maschendraht verwenden. Schlagen Sie vier Pfosten in die Erde und spannen Sie den Draht außen herum, sodass ein Quadrat entsteht. Mit mehr Pfosten können Sie auch eine runde Form anlegen.

**d. Geflochtener Komposter**
Eine kostengünstige Variante für alle, die problemlos an Zweige kommen. Schlagen Sie 8–9 dicke, 1,2 m lange Äste senkrecht in den Boden, sodass ein Kreis mit 1 m Durchmesser entsteht. Zwischen diese Äste flechten Sie kleinere Zweige horizontal zu den Seitenpfosten ein. Ideal sind Hasel- und Weidenruten.

### KEIN PLATZ?

Wenn Sie nur wenig Platz haben, etwa in einer Wohnung mit Balkon, sind die bisherigen Varianten vielleicht zu groß. Aufs Kompostieren müssen Sie trotzdem nicht verzichten. Sie können eine kleine Mülltonne oder einen 25-Liter-Eimer mit Deckel zu einem Komposter umfunktionieren, indem Sie in den Boden und die Seiten Belüftungslöcher bohren. Stellen Sie den Behälter erhöht auf Ziegel und platzieren Sie einen Untersetzer darunter. Beginnt der Inhalt zu stinken, mischen Sie braune Materialien unter. Riecht es am nächsten Tag immer noch faulig, mischen Sie mehr dazu – so lange, bis es aufhört.

### LAUBHUMUS

Ein Komposter aus Hasendraht eignet sich hervorragend zum Ansetzen von Laubhumus. Der zeichnet sich durch sehr gute Wasserspeicherfähigkeit aus und kann entweder mit Komposterde zu Aussaaterde gemischt, als zusätzliches Substrat in Hochbeete gegeben oder als Mulch für mehrjährige Pflanzen verwendet werden. Gerade im Herbst fällt viel Laub an. Füllen Sie Ihren Komposter damit und lassen Sie es mindestens zwei Jahre verrotten. Kaffeesatz beschleunigt den Zersetzungsvorgang.

# EINEN KOMPOSTER ZIMMERN

Aus Palettenbrettern und vier alten Holzbalken oder Zaunpflöcken lässt sich ein robuster, praktischer Komposter bauen. Die Materialien sind sowohl auf dem Land als auch in der Stadt recht leicht aufzutreiben – oftmals sogar kostenlos.

## SO GEHT'S

Etliche Firmen und Organisationen verschenken Paletten (siehe Seite 36). Sie brauchen 2–3 Stück für einen 1 m hohen Komposter wie diesen hier. Besorgen Sie sich die Paletten rechtzeitig, damit Sie sie ein paar Stunden im Regen liegen lassen können, denn nass lassen sie sich leichter zerlegen. Ich habe den Komposter mit Schrauben zusammengebaut, die ungenutzt bei mir herumlagen. Sie können aber auch die aus den Paletten gezogenen Nägel verwenden.

**1.** Paletten mithilfe des Stemmeisens zerlegen, bis Sie genug Material haben (*siehe gegenüber*). Tragen Sie dabei Schutzbrille und Handschuhe. Die Nägel mit einem Zimmermannshammer aus dem Holz ziehen und in einem Topf sammeln. Vor dem Zusammenbauen das ganze Holz auf dem Boden auslegen, damit alles, was Sie brauchen, griffbereit ist.

**2.** Länge der Bretter abmessen und zwei Balken in diesem Abstand auf den Boden legen. Ein Brett so über die Balken legen, dass seine Enden mit der Außenkante der Balken abschließen und nicht überstehen. Brett anschrauben, dann das nächste Brett am anderen Ende der Balken befestigen. Nun die übrigen Bretter dazwischen anschrauben oder annageln.

**3.** Die beiden anderen Balken wie unter Punkt 2 auf den Boden legen und ebenfalls fünf Bretter mit ins-

1

2

3

gesamt 10 Schrauben daran befestigen. Die beiden fertigen Seitenteile auf den Boden legen und je einen Satz aus fünf Brettern danebenlegen, also insgesamt zwei Seitenteile und 10 Bretter.

**4.** Organisieren Sie für das Zusammenfügen der beiden Seitenteile am besten einen Helfer. Man schafft es zwar mit etwas Planung, einem Akkuschrauber und auf einer ebenen Fläche auch allein, doch ist es schwieriger. Ein Seitenteil hochkant stellen, sodass ein Balken auf dem Boden liegt und nach innen gerichtet ist; ggf. mit einem Brett stützen. Das zweite Seitenteil gegenüber aufstellen – der Abstand zwischen den beiden Seitenteilen sollte eine Brettlänge betragen. Das erste Brett so zwischen die beiden Seitenteile schrauben, dass seine Enden mit den Außenkanten der Balken abschließen. Dann das zweite Brett am anderen Ende und schließlich die drei restlichen Bretter dazwischen anschrauben.

**5.** Die drei Seiten so kippen, dass die noch offene vierte Seite nach oben zeigt. Wie in Schritt 4 die fünf restlichen Bretter anschrauben. Das sollte jetzt einfacher sein, da das Gerüst schon recht stabil ist. Fertig ist der Komposter!

### WERKZEUG UND MATERIALIEN

Sie brauchen Handschuhe, Schutzbrille, Stemmeisen, Zimmermannshammer und Schraubenzieher (oder Akkuschrauber), außerdem:

- 4 ca. 1 m lange Holzpfosten bzw. -balken, z. B. von ausgemusterten Zäunen oder Türrahmen
- 20 gleich lange Palettenbretter
- 40 Schrauben

4

5

# DAS KOMPOSTMATERIAL MISCHEN

Für hochwertigen Kompost reicht es nicht, einfach allen pflanzlichen Abfall auf einen Haufen zu werfen und ihn sich selbst zu überlassen. Wichtig ist das richtige Mischungsverhältnis der einzelnen Materialien.

Bei den Zutaten für das Ansetzen von Komposterde unterscheidet man im Wesentlichen zwei Kategorien: braunes und grünes Material. Beide sind unabdingbar für einen gesunden, unproblematischen Komposthaufen. Bei den braunen Materialien handelt es sich um kohlenstoffreiche, in der Regel trockene und daher eher leichte Substanzen. Die grünen Materialien bestehen aus stickstoffreichen Pflanzenresten und sind meistens schwerer als die braunen, da sie auch Feuchtigkeit enthalten. Stickstoff ist unerlässlich für das Wachstum und die Funktion von Pflanzenzellen.

Nicht immer gibt die Farbe der einzelnen Zutaten Aufschluss darüber, welcher Kategorie sie zuzuordnen sind. Kaffeesatz etwa ist zwar braun, wird aber als grünes Material klassifiziert, da er viel Stickstoff enthält. Mehr dazu gegenüber und auf den Seiten 64–67.

## 2 TEILE BRAUN UND 1 TEIL GRÜN

2:1 – dieses Mengenverhältnis kann man sich gut merken. Geben Sie einfach immer zwei Eimer braunes Material auf einen Eimer grünes. Wenn Sie bei dieser Mischung bleiben, werden Sie kaum Probleme haben.

Ich lege meinen Komposthaufen gern in Schichten wie bei einer Lasagne an (*siehe gegenüber*). Aber im Grunde ist es egal, ob Sie Grün und Braun in derselben Schicht mischen oder nicht. Normalerweise fallen zu unterschiedlichen Jahreszeiten sowieso unterschiedliche Materialien an.

Wichtig ist allein, dass Sie das Mischungsverhältnis bewahren. Je vielfältiger die Mixtur, desto höher die Qualität der späteren Komposterde. Doch auch mit einer ganz einfachen Mischung können Sie nichts falsch machen, solange Grün und Braun in den empfohlenen Anteilen vorhanden sind.

## PFLEGE DES HAUFENS

Einige Monate nach dem Befüllen des Komposters wende ich den Inhalt, um alle Zutaten zu mischen und den Haufen zu belüften. Dazu hebe ich mit einer Grabegabel das unten liegende Material nach oben. Unbedingt notwendig ist das nicht, doch es beschleunigt die Zersetzung. Wer feineres Material wie etwa geschreddertes Zeitungspapier hineingibt und alles monatlich wendet, kann schon nach 6–8 Monaten mit fertiger Komposterde rechnen. Normalerweise aber dauert es ungefähr ein Jahr, bis die Erde eine gute Textur und Qualität hat.

### TIPP

***Wenn der erste Haufen voll ist und Sie noch Platz haben, können Sie einen zweiten anlegen.***

## WAS KOMMT AUF DEN KOMPOSTHAUFEN?

Wichtig ist zu wissen, welche Materialien »grün« und »braun« sind und was nicht auf den Komposter gehört.

### Grünes Material

- Obst- und Gemüseabfälle
- weicher, nicht holziger Schnittabfall
- Unkraut ohne Samenstände
- Kaninchen-, Hühner-, Enten- und Meerschweinchenmist
- Pferde- und Kuhmist
- Grasschnitt
- Kaffeesatz

### Braunes Material

- Zeitungen, Papier (keine Magazine) und Karton
- Sägespäne (von unbehandeltem Holz)
- Herbstlaub
- Heu
- sonstiges totes Pflanzenmaterial
- Holzasche von Laubbäumen

### Das gehört nicht auf den Komposter

Manches eignet sich nicht für Gartenkomposter, da es Ratten anlockt, Chemikalien enthält oder unangenehm riecht. Folgendes gehört nicht hinein:

- Milchprodukte wie z. B. Käse
- Fleisch und Knochen
- Hunde- oder Katzenkot und Katzenstreu
- Unkraut, das Samen angesetzt hat
- kranke Pflanzenteile
- Hochglanzpapier

**Bei der Lasagne-Methode** werden abwechselnd grüne und braune Materialien schichtweise in den Komposter gegeben.

# WO BEKOMME ICH MATERIAL FÜR DEN KOMPOSTER HER?

Zu viel Kompost kann man nie haben! Mit folgenden Materialien sollten Sie Ihren Komposthaufen beschicken. Verwerten Sie zunächst, was bei Ihnen zu Hause anfällt, und holen Sie sich erst dann etwas von außerhalb. Hier einige Tipps.

Wohlgemerkt: Für gute Komposterde brauchen Sie nicht alles, was ich vorschlage. Wichtig ist nur das richtige Verhältnis von Grün und Braun (Seite 62).

**a. Obst- und Gemüsereste**
Rohes Obst und Gemüse hat viele Nährstoffe. Es sollte deshalb stets kompostiert werden. Sie können sich Abfälle von Nachbarn oder Restaurants besorgen. Bieten Sie an, ein Gefäß für Bioabfälle zur Verfügung zu stellen, das Sie regelmäßig abholen.

- **Was?** Grünes Material als Stickstofflieferant
- **Wo?** Städte, Vororte, Land
- **Wann?** Ganzjährig
- **Wie?** In 10 cm dicken Schichten hinzufügen oder mit braunem Material wie Papier mixen

**b. Pferde- und Kuhdung**
Tierhalter haben davon raue Mengen, der Rest kann versuchen, Selbstgezogenes gegen Dung einzutauschen. Auf vielen Bauern- und Reiterhöfen gibt es Misthaufen, bei denen man sich bedienen kann – wer gute Beziehungen knüpft, sollte problemlos erkleckliche Mengen bekommen können. Ideale Dunglieferanten sind Höfe, die ihre Tiere mit Bio- oder ungespritztem Futter versorgen, da Ausscheidungen Pestizidrückstände enthalten können.

- **Was?** Grünes Material als Stickstofflieferant
- **Wo?** Auf dem Land
- **Wann?** Ganzjährig
- **Wie?** Dung (ohne Stroh) in höchstens 5 cm dicken Schichten dem Kompost hinzufügen

a

b

MIT DEM RASENMÄHER GESCHREDDERTES LAUB ZERSETZT SICH WESENTLICH SCHNELLER ALS GANZ KOMPOSTIERTE BLÄTTER.

**c. Herbstlaub**
Es gibt kaum besseres kostenloses Kompostiermaterial. Harken Sie zunächst das Laub in Ihrem Garten zusammen. Reicht das nicht, sammeln Sie es neben kaum befahrenen Landstraßen auf. In Vororten werden oft Laubsäcke an den Straßenrand gestellt, damit die Biomüllabfuhr sie abholt. In Städten kann man Ämter fragen, ob man das Laub aus Parks holen darf.

- **Was?** Braunes Material als Kohlenstofflieferant
- **Wo?** Städte, Vororte, Land
- **Wann?** Zweite Herbsthälfte
- **Wie?** Laub verrottet langsam; konstruieren Sie daher einen Laubkäfig (siehe Seite 59) oder geben Sie nur jeweils dünne Schichten in den Komposter

**d. Grasschnitt**
Grasschnitt gehört zu den am leichtesten verfügbaren Kompostiermaterialien, vor allem wenn man selbst einen Rasen hat, den man regelmäßig mäht. Wer keinen Rasen hat, kann Nachbarn um eine Portion bitten.

- **Was?** Grünes Material als Stickstofflieferant
- **Wo?** Vororte, Land
- **Wann?** April/Mai bis Oktober/November
- **Wie?** Die einzelnen Schichten sollten höchstens 3 cm dick sein, da der Grasschnitt sonst fault und zu einer schleimigen Masse wird.

**TIPP**

*Verwenden Sie nur Grasschnitt von ungespritztem Rasen. Pestizide töten nützliche Bodenorganismen ab und können das Pflanzenwachstum negativ beeinflussen.*

c

d

**Geschreddertes Papier**
Wenn Sie oder ein Mitglied Ihrer Familie im Homeoffice arbeiten, können Sie das anfallende Papier sammeln und schreddern. Manchmal bekommt man es auch bei ortsansässigen Firmen. Nicht geeignet ist Hochglanzpapier, da es Chemikalien enthält.

- **Was?** Braunes Material als Kohlenstofflieferant
- **Wo?** Städte, Vororte
- **Wann?** Ganzjährig
- **Wie?** In bis zu 5 cm dicken Schichten

### e. Zeitungs- und Kartonpapier
Wer keine Zeitungen abonniert hat oder kauft, bekommt sie vielleicht in Wirtshäusern, Hotels, Restaurants und kleinen Läden. Moderne Druckerschwärze enthält in der Regel keine giftigen Chemikalien mehr und darf daher in den Kompost. Als Test streicht man mit dem Finger darüber: Druckfarbe, die nicht verschmiert, ist kompostierbar.

- **Was?** Braunes Material als Kohlenstofflieferant
- **Wo?** Städte, Vororte, Land
- **Wann?** Ganzjährig
- **Wie?** In kleine Stücke zerreißen und als höchstens 2 cm dicke Schicht in den Komposter geben

**Menschliches Haar**
Sie werden vielleicht überrascht sein zu hören, dass sich Menschenhaare gut kompostieren lassen. Sie enthalten viel Stickstoff, daher braucht man nur wenig. Fragen Sie bei Friseuren in Ihrer Nähe nach.

- **Was?** Grünes Material als Stickstofflieferant
- **Wo?** Städte, Vororte, Land
- **Wann?** Ganzjährig
- **Wie?** Als dünne Schicht eingestreut

### f. Kaninchen-, Hühner-, Enten- und Meerschweinchenmist
Diese Hinterlassenschaften kann man getrost auf den Komposthaufen werfen, denn sie enthalten reichlich Nährstoffe. Gibt es in Ihrer Nachbarschaft Haustierbesitzer, die die Reste aus dem Stall ansonsten in den Müll werfen würden? Die Tiere sollten aber zu 100 Prozent natürliches Futter bekommen und auch die Einstreu muss frei von Chemikalien sein.

- **Was?** Braunes und grünes Material (Kohlenstoff und Stickstoff)
- **Wo?** Städte, Vororte, Land
- **Wann?** Ganzjährig
- **Wie?** In bis zu 20 cm dicken Schichten

e

f

**g. Sägespäne und Hackschnitzel**
In Sägewerken bekommt man meistens jede Menge Sägespäne und Hackschnitzel. Oft haben auch Baumpfleger genug Holzabfälle, die sie nur zu gern loswerden. Manchmal kann man sogar Häckselhaufen an Straßenrändern entdecken, wo Baumfällarbeiten durchgeführt wurden.

- **Was?** Braunes Material als Kohlenstofflieferant
- **Wo?** Vororte, Land
- **Wann?** Ganzjährig
- **Wie?** Sägespäne wandern mit anderen Materialien in den Komposter; Hackschnitzel sollten nur in geringer Menge und dünn geschichtet hinein

**h. Kaffeesatz**
Kaffeesatz bekommt als Kompostiermaterial mitunter schlechte Presse. Ich verwende ihn jedoch seit Jahren mit guten Ergebnissen. Er enthält viel Stickstoff, ist leicht sauer bis fast pH-neutral und zersetzt sich rasch. Meist fällt er in der eigenen Küche an, doch Sie können auch welchen aus dem örtlichen Café holen.

- **Was?** Grünes Material als Stickstofflieferant
- **Wo?** Städte, Vororte, Land
- **Wann?** Ganzjährig
- **Wie?** Auf die Oberfläche oder als dünne Schicht

**NACHBARSCHAFTSHILFE**

Als regelmäßige Quelle von Haushaltsabfällen wie Gemüsereste, Karton, Laub und Grasschnitt sind Nachbarn ideal. Wer erst kürzlich in ein Viertel gezogen ist, sollte sich vorstellen und vielleicht eine Notiz in den Briefkasten werfen. Geben Sie Nachbarn, die einverstanden sind, einen sauberen Eimer, den sie zu bestimmten Zeiten nach draußen stellen, wo Sie ihn abholen. Bieten Sie ihnen an, auch Kartons, Laub und Grasschnitt mitzunehmen. Als Gegenleistung können Sie ihnen ja ein paar Genüsse aus Ihrem Garten anbieten.

**TIPP**

*Wenn Sie es eilig haben und wollen, dass Ihr Laubhumus schneller verrottet, geben Sie einige Handvoll Kaffeesatz hinein.*

g

h

# PERMAKULTUR

Die Natur selbst steht bei dieser Anbaumethode Pate. Da ökologische Prinzipien hier höchstes Gebot haben, können Sie sicher sein, dass alles, was Sie ziehen, so natürlich und nachhaltig wie möglich herangereift ist.

Der Begriff »Permakultur« setzt sich zusammen aus »permanent« (engl. »dauerhaft«) und »Kultur«. Geprägt wurde er in den 1970er-Jahren von zwei Australiern, Bill Mollison und David Holmgren. Ihr Ziel war die Schaffung einer nachhaltigen, nährenden Landwirtschaft, die sich an der Natur orientiert. Holmgren erarbeitete zwölf Gestaltungsprinzipien der Permakultur, die auf dem Weg zu einem nachhaltigen Anbau dienlich sind. Der Begriff »Gestaltung« mag in diesem Zusammenhang abschreckend wirken, doch kann es sich dabei auch um so etwas Simples wie das Finden eines neuen Standorts für ein Hochbeet handeln.

## PRAKTISCHE UMSETZUNG

Mein liebstes Permakulturprinzip lautet »Beobachtung und Interaktion«, auf das ich gelegentlich zurückgreife. Das heißt, ich trete einen Schritt zurück, beobachte die Vorgänge im Garten und überlege, wie ich den Raum verbessern und alle Chancen nutzen kann. Wenn ich zum Beispiel den täglichen Sonnenlauf beobachte, finde ich heraus, wo die schattigste Stelle ist, sodass ich dort einen Komposthaufen platzieren kann.

In der Praxis bedeutet Permakultur, mit der Natur statt gegen sie zu arbeiten. Ich baue seit über 15 Jahren Nutzpflanzen biologisch an. Chemikalien wie Dünger und Insektizide einsetzen wollte ich nie und fand es auch unnötig. Stattdessen arbeite ich darauf hin, den Boden und die Pflanzen gesund zu halten, was ich in diesem Buch zum Ausdruck bringen will.

## NO-DIG-GÄRTNERN

Das von Charles Dowding bekannt gemachte No-Dig-Gärtnern, das »Gärtnern ohne Umgraben«, basiert auf den Grundsätzen der Permakultur. Man muss sich dazu nur die natürlichen Kreisläufe in einem Laubwald vor Augen halten. Jeden Herbst fällt das Laub auf den Boden, wo es sich zersetzt und mithilfe von Mikroorganismen dem Boden in Form von Nährstoffen zugeführt wird. Diese werden wieder von den Bäumen aufgenommen. Wälder sind also selbsterhaltende Systeme, die ihre Ressourcen recyceln. So kommen sie Jahrhunderte ohne zusätzliche Nährstoffquellen aus.

Ein Garten allerdings unterscheidet sich in einem wichtigen Punkt von einem Wald: Wir entnehmen dem Boden Nährstoffe in Form der geernteten Pflanzen. Deshalb müssen wir sie ihm als Kompost bzw. organischer Substanz wieder zuführen. Früher arbeitete man sie in den Boden ein, doch das zerstört seine Struktur und tut den darin enthaltenen Würmern und Mikroorganismen nicht gut. Verteilt man dagegen organische Substanz auf der Oberfläche, zersetzt sie sich auf natürliche Weise und düngt den Boden wesentlich effektiver.

Hier drei Hauptargumente für das No-Dig-Gärtnern:

- **Speicherung von Bodenfeuchtigkeit**
  Erdreich mit intakter natürlicher Struktur speichert mehr Wasser als umgegrabene Erde. Das zahlt sich bei Hitze und Trockenheit aus.
- **Unterdrückung von Unkraut**
  Durch Einarbeiten von organischer Substanz holt man nur Unkrautsamen an die Oberfläche, wo sie keimen. Wird eine Schicht organischer Substanz auf der Erde verteilt, bildet sich weit weniger Unkraut.
- **Frei und einfach**
  Wer selbst kompostiert, kann jedes Jahr eine Schicht kostenlose Komposterde ausbringen. Sie zu verteilen ist wesentlich weniger anstrengend, als sie einzuarbeiten, und richtet keinen Schaden an.

**Selbst gemachte Komposterde** sollte nach Walderde riechen. Stinkt sie, ist sie noch nicht fertig, kann aber trotzdem zum Mulchen und Füllen von Beeten im Herbst verwendet werden.

# HACKSCHNITZEL & PFLANZENKOHLE

Hackschnitzel sind ein ausgezeichnetes Mulchmaterial und erhöhen die Wasserspeicherfähigkeit des Bodens. Pflanzenkohle ist Kohle, die den Boden in aktiviertem Zustand mit Nährstoffen anreichert und ihm Struktur gibt. Und das Beste: Beide gibt es kostenlos.

## HACKSCHNITZEL

Hackschnitzel sind ein fantastisches Mulchmaterial. Wenn sie sich zersetzen, geben sie Nährstoffe frei, die eine gesunde Bodenstruktur begünstigen. Ideal zum Mulchen sind frische Schnitzel, die aus großen, frisch geschnittenen Ästen gewonnen werden. Viele Gartenbesitzer häckseln sie aber erst, wenn sie getrocknet sind und ihr Laub verloren haben.

Frische Hackschnitzel holt man sich am besten bei Baumpflegern in der Nähe. Diese müssen für die Entsorgung ihres Schnittabfalls oft bezahlen und sind deshalb froh, wenn sie ihn loswerden (ich kenne viele, die sich ihre Schnitzel seit Jahren von Baumpflegern holen). Wenn Sie in einer ländlichen Gegend wohnen, können Sie vielleicht einen Nachbarn mit eigenem Häcksler fragen, ob er Ihnen etwas von seinen Hackschnitzeln abgibt oder das Gerät sogar verleiht.

Verwenden Sie ausschließlich Holz von Laubbäumen, denn Nadelholz, etwa von Kiefern, ist sehr sauer, was sich nachteilig auf das Wachstum von Nutzpflanzen auswirken kann.

### HACKSCHNITZEL VORBEREITEN UND EINSETZEN

Kompostieren Sie frische Hackschnitzel, bevor Sie einjähriges Gemüse damit mulchen. Dazu geben Sie einfach die ganze Portion in einen großen Komposthaufen und lassen sie zwei bis drei Jahre verrotten. Jeden Sommer und Winter muss die Masse gewendet werden. So bekommen Sie eine schöne, feuchtigkeitsspeichernde Mulchschicht für Ihre Einjährigen. Wird der Holzkompost 1:1 mit Komposterde gemischt, eignet sich der Mulch sogar als Aussaat- und Pikiersubstrat. Sie können das Material aber auch direkt als Mulch für Mehrjährige verwenden.

Hackschnitzel von trockenem Holz können im Herbst und Frühjahr direkt als Mulch für mehrjährige Pflanzen verwendet werden. Sie unterdrücken Unkraut und halten die Feuchtigkeit im Substrat. Man kann damit Töpfe, Hochbeete und Freilandbeete mulchen. Dazu verteilt man alle ein, zwei Jahre zunächst eine 5 cm dicke Schicht Komposterde oder gut verrotteten Stallmist und ein paar Handvoll Holzasche auf dem Wurzelraum der Pflanzen. Dann kommen noch 5 cm Hackschnitzel darauf. Frische Hackschnitzel eignen sich auch als Belag für Gartenwege.

**Frische Hackschnitzel** sind eine teilweise verrottete Mischung aus Holz, Rinde und Laub. Man gewinnt sie durch Häckseln von frischem Schnittabfall.

EINE 5 CM DICKE SCHICHT HACKSCHNITZEL IST MULCH VOM FEINSTEN.

# PFLANZENKOHLE

Die Geister scheiden sich an der Frage, ob die kleinen Stücke aus kohlenstoffreicher Pflanzenkohle als Bodenverbesserer sinnvoll sind. Nachdem ich etliche Studien dazu gelesen und Eigenversuche von Hobbygärtnern beobachtet habe, bin ich zu der Auffassung gelangt, dass aktivierte, also mit einer nährstoffreichen Flüssigkeit getränkte Pflanzenkohle den Nährstoffgehalt von Böden tatsächlich verbessert. Der Grund: Die Nährstoffe werden langsam ins Erdreich abgegeben. Pflanzenkohle eignet sich zudem hervorragend als Lebensraum für nützliche Bodenmikroben, da sie porös ist und Feuchtigkeit aufsaugt.

**PFLANZENKOHLE AUFTREIBEN**
Pflanzenkohle entsteht dort, wo Holz verbrannt wird, also in Lagerfeuern oder offenen Kaminen – je größer das Feuer, desto besser. Nicht geeignet ist Kohle aus Kunststoffen oder nicht holziger Biomasse und Grillkohle, denn sie enthält oft Verunreinigungen. Holzkohle entsteht durch Pyrolyse, d. h. Verbrennung bei hohen Temperaturen ohne Sauerstoffeinwirkung. Sie ist schwarz und brüchig.

Man sammelt die Brocken, gibt sie in einen Beutel und zerschlägt sie mit einem Stein in kleinere Stücke. Danach kann sie aktiviert werden.

## GEWUSST?

*Pflanzenkohle ist porös und hat viele winzige Löcher. Sie verhält sich beim Aktivieren wie ein Schwamm und saugt die Nährstoffe der Aktivierflüssigkeit auf.*

**PFLANZENKOHLE AKTIVIEREN UND ANWENDEN**
Sie brauchen lediglich einen Eimer, Wasser und einen Aktivator, z. B. verdünnten Flüssigdünger, ein paar Handvoll in Wasser eingeweichte Komposterde oder nicht verdünnten Urin. Legen Sie die Kohle in den Eimer, füllen Sie Wasser und den Aktivator hinein und lassen Sie das Ganze etwa eine Woche lang stehen.

Die aktivierte Kohle anschließend unter das Substrat mischen, wobei maximal 1 Teil Kohle auf 9 Teile Substrat kommen sollte. Das Substrat eignet sich für Pflanzgefäße und Hochbeete.

Wer viel Pflanzenkohle hat, kann sie in den Komposthaufen geben, ohne sie vorher zu aktivieren. Werfen Sie einfach gelegentlich eine Handvoll hinein – der Kompost aktiviert sie im Lauf der Zeit von selbst.

**Aktivieren Sie Pflanzenkohle** mit einem Aktivator (*links*) und mischen Sie sie in das Substrat oder mulchen Sie Beete und Gefäße leicht damit (*oben*).

# FLÜSSIG- UND BEINWELLDÜNGER SELBST ANSETZEN

Wenn Pflanzen etwas unterernährt aussehen, kann Flüssigdünger schnell Abhilfe schaffen. Fruchtenden Topfpflanzen muss er während der Blüte sogar regelmäßig verabreicht werden. Die Nährstoffe werden von den Wurzeln rasch aufgenommen.

Ich setze Flüssigdünger selbst an (siehe *gegenüber* und Seite 74–75), denn er ist ein guter Ersatz für Komposterde. Außerdem kann das dafür verwendete Pflanzenmaterial danach in den Komposter gegeben werden, so wird nichts verschwendet. Flüssigdünger gibt fruchtenden Topfpflanzen wie Tomaten und Gewächsen, die unterernährt aussehen oder gelbe Blätter bekommen, eine sofortige Nährstoffspritze. Bei einer Kopfdüngung mit Komposterde dagegen gelangen die Nährstoffe erst allmählich zu den Wurzeln. Flüssigdünger kann auch verwendet werden, um Pflanzen in kargen Böden einen Extraschub zu geben.

Sobald genug Komposterde vorrätig ist, kann man diese als Mulch für Pflanzgefäße und Beete verwenden und braucht nicht mehr so viel Flüssigdünger. Manchmal aber tut er Fruchtgemüse und Topfpflanzen trotzdem noch gut.

**ANWENDUNG UND LAGERUNG**

Konzentrierter Flüssigdünger sollte immer auf mindestens 1 Teil Dünger pro 7 Teile Wasser verdünnt werden. Füllen Sie die Mischung in eine Gießkanne und wässern Sie den Wurzelraum der Pflanzen damit.

Um Algenbildung zu vermeiden, lagert man ihn an einem kühlen, dunklen Platz. Flüssigdünger wird nicht schlecht (er stinkt von Haus aus!), aber ich versuche den meinen trotzdem innerhalb eines Jahres aufzubrauchen.

PFLANZEN ABSORBIEREN NÄHRSTOFFE AUS FLÜSSIGKEITEN VIEL SCHNELLER ALS AUS FESTEM MATERIAL, ETWA KOMPOSTERDE.

**NÄHRSTOFFE N, P UND K**

Die jeweils zu Flüssigdünger verarbeiteten Materialien enthalten Nährstoffe in unterschiedlicher Menge. Deshalb ist es ratsam, Pflanzen je nach Wachstumsstadium einen auf sie abgestimmten Flüssigdünger zu geben. Aber wozu genau brauchen Pflanzen überhaupt Stickstoff, Phosphor und Kalium?

- **Stickstoff (N)** ist entscheidend für das gesunde Wachstum von grünem Laub. Brennnesseln, Grasschnitt und Hühnermist enthalten viel Stickstoff.
- **Phosphor (P)** ist wichtig für eine gesunde allgemeine Pflanzenentwicklung. Viel Phosphor ist in Hühnermist und Tierdung enthalten.
- **Kalium (K)** fördert die Bildung und das Wachstum von Früchten. Schafdung und Beinwell sind gute Kaliumquellen.

1

2

3

4

# FLÜSSIGDÜNGER ANSETZEN

Dieser Flüssigdünger lässt sich kinderleicht erzeugen, aber Vorsicht: Er »duftet« umwerfend! Ich habe hier Brennnesseldünger angesetzt, weil er für Blattgemüse wie Grünkohl und Spinat ideal ist. Man kann aber auch je nach der zu düngenden Nutzpflanze oder dem Einsatzzweck andere Ingredienzen verwenden (*siehe Kasten gegenüber*).

**1.** Einen Eimer voll Brennnesselblätter sammeln (dabei Handschuhe und langärmelige Kleidung tragen). Blätter zerrupfen und in die Mitte eines auf dem Boden ausgebreiteten Tuchs geben.

**2.** Tuch zusammenschlagen und mit einer Schnur an einen Stock binden. Den Stock über einen Eimer legen. Eimer mit Regenwasser füllen, sodass sich das Bündel mit den Brennnesseln unter Wasser befindet. Den Eimer an einen regengeschützten Platz im Freien stellen.

**3.** Nach einer Woche das Bündel herausnehmen, die Jauche umrühren und das Bündel wieder in die Lösung tauchen.

**4.** Nach einer weiteren Woche das Bündel herausnehmen und den Inhalt auf den Komposthaufen werfen oder als Mulch für Tomaten oder Paprika verwenden. Die Jauche in Flaschen abfüllen und dunkel lagern.

### TIPP

*Seetang enthält viele Spurenelemente, die Pflanzen für gesundes Wachstum benötigen. Wenn Sie ihn aus nachhaltigen Quellen bekommen können, werfen Sie eine Handvoll davon in jeden Flüssigdünger, den Sie ansetzen.*

#### WERKZEUG UND MATERIALIEN

Sie brauchen:

- Brennnesseln
- Eimer
- Handschuhe
- altes Geschirrtuch oder Stoffstück
- Stock, der länger als der Eimer breit ist
- Schnur
- Regenwasser
- Flaschen

# BEINWELLDÜNGER

Beinwell holt sich mit seinen bis zu 3 m langen Pfahlwurzeln Nährstoffe tief aus dem Boden und reichert sie in seiner Blattmasse an. Verwendet man die Blätter zum Ansetzen einer Jauche, bekommt man einen Flüssigdünger, der bei den damit genährten Pflanzen für einen ordentlichen Wachstumsschub sorgt.

Verdünnte Beinwelljauche ist ein hervorragender Tomatendünger und wird vor allem während der Blüte und des Fruchtansatzes verabreicht. Hat man zu viel angesetzt, kann man sie in Gläsern aufbewahren oder gegen Samen und Setzlinge eintauschen.

## BEINWELL ANBAUEN

Beinwell lässt sich mit Wurzelschnittlingen vermehren. Stecken Sie dazu im zeitigen Frühjahr ein 5 cm langes Wurzelstück in einen Topf mit Komposterde. Im Frühsommer kommt das Pflänzchen ins Freiland.

Beinwell wächst auch im Schatten, ideal ist für ihn aber Halbschatten. Ich empfehle die Kreuzung 'Bocking No. 14', denn sie ist unfruchtbar und sät sich nicht aus. Wächst Beinwell erst einmal im Garten, wird man ihn nur noch schwer los, überlegen Sie daher gut, wohin Sie ihn setzen. Andererseits: Wer viel hat, kann auch viel verschenken oder eintauschen.

**Beinwell wächst am besten** im Freiland. Kultivieren Sie ihn separat vom restlichen Nutzgarten, damit er ihn nicht zuwuchert.

## VERDÜNNEN UND ANWENDEN

Mischen Sie 1 Teil konzentrierte Beinwelljauche mit 20 Teilen Wasser und gießen Sie mit dieser Mischung Nutzpflanzen wie Bohnen, Paprika und Gurken während der Blütenbildung.

1

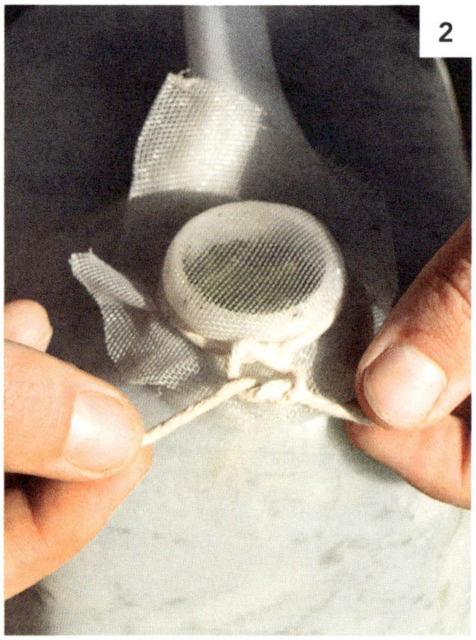

2

3

# BEINWELLJAUCHE ANSETZEN

Eine Portion Beinwelljauche ist nach etwa drei bis vier Wochen fertig. Die Blätter riechen beim Zersetzen noch unangenehmer als Brennnesseln, doch mit der folgenden Methode kann man den Gestank auf ein erträgliches Maß begrenzen. Riesige Mengen Dünger dürfen Sie nicht erwarten, die brauchen Sie aber auch nicht, denn die konzentrierte Flüssigkeit reicht lange. Tragen Sie beim Ansetzen Handschuhe, denn die Blattbehaarung kann Hautreizungen verursachen.

**1.** Gefäß umdrehen und Boden mit der Schere oder dem Messer abschneiden (*siehe unten links*).

**2.** Schrauböffnung des Gefäßes mit einem feinmaschigen Gitternetz, Sackleinen oder einem alten Laken bedecken und mit der Schnur befestigen.

**3.** Gefäß umdrehen und bis obenhin mit zerrupften Beinwellblättern füllen.

**4.** Gefäß umgedreht einklemmen oder an einen Zaun bzw. Pfosten binden. Unter der Schrauböffnung genug Platz für ein Glas lassen, in dem sich die Jauche sammeln kann.

**5.** Gefäß fixieren und einen Stein oder Ziegel auf die Beinwellblätter legen, um den Saft aus ihnen herauszupressen.

**6.** Nach und nach mehr Beinwellblätter einfüllen, denn sie zersetzen sich und der Füllstand sinkt. Nach vier Wochen die restliche Flüssigkeit aus ihnen herauspressen, dabei aber Handschuhe tragen. Ist das Glas voll, verschließen Sie es und stellen es an einen kühlen, dunklen Platz. Ich versuche, die Jauche innerhalb eines Jahres aufzubrauchen.

### WERKZEUG UND MATERIALIEN

Sie brauchen:

- ein Gefäß mit Hals (z. B. große Flasche oder Wasserkanister)
- Schere oder Messer
- kleines Gitternetz
- Schnur
- Handschuhe
- Beinwelllaub
- leeres Schraubglas
- Ziegel oder Stein

4

5

6

# SAATGUT UND PFLANZEN AUFTREIBEN

WIE SIE IHRE ERSTEN PFLANZEN HERANZIEHEN, OHNE AUCH NUR EINEN CENT AUSZUGEBEN

# EINJÄHRIGE UND MEHRJÄHRIGE

Einjährige Nutzpflanzen liefern binnen weniger Monate Essbares, während mehrjährige länger dafür brauchen. Es lohnt sich daher, Letztere zuerst zu besorgen, damit Sie schneller davon ernten können.

Obst und Gemüse lässt sich in zwei Kategorien einteilen: Einjährige und Mehrjährige. Einjährige sind Pflanzen, die in der Saison, in der sie ausgesät wurden, reifen und Erträge liefern, aber jedes Jahr neu angesät werden müssen. Mehrjährige wachsen über viele Jahre hinweg und können mehrmals beerntet werden. Wer beide kultiviert, hat eine große Bandbreite von Nutzpflanzen, die über das Jahr Essbares liefern. In diesem Buch trenne ich Kulturanleitungen für Ein- und Mehrjährige. Für beide müssen Sie sich aber Samen, Setzlinge und Stecklinge besorgen.

### EIN- ODER MEHRJÄHRIGE?

**Einjährige**

- liefern pro Quadratmeter mehr Ertrag als die meisten Mehrjährigen
- haben eine kurze Saison und können nach dem Ernten daher im Beet oder Gefäß durch eine andere Pflanze ersetzt werden
- liefern im Winter und Vorfrühling Frisches
- umfassen Gemüse wie Kichererbsen und Stangenbohnen, die eine gute Eiweißquelle sind

**Mehrjährige**

- lassen sich oft viel einfacher vermehren als Einjährige
- bilden kräftige Wurzelsysteme und sind widerstandsfähiger gegen widrige Witterungsbedingungen
- liefern fast immer einen verlässlichen Ertrag
- brauchen wenig Pflege und müssen nicht jedes Jahr neu gepflanzt oder umgesetzt werden

### STRATEGIE IM ERSTEN JAHR

Mehrjährige brauchen ein bisschen Zeit zum Einwachsen. Deshalb sollte man sie so früh wie möglich pflanzen. Rhabarber beispielsweise benötigt drei bis vier Jahre, bis er seine volle Produktivität erreicht. In den ersten Jahren ist der Ertrag womöglich noch nicht ganz zufriedenstellend, dann aber können Sie in jeder Saison eine reiche Ernte erwarten. Ausgewachsene Mehrjährige lassen sich meist einfach vermehren, sodass Sie Ihren Bestand und damit den Ertrag rasch vergrößern können.

Deshalb bin ich davon überzeugt, dass der Schwerpunkt im ersten Jahr nach dem Einrichten eines Gartens für die kostenlose Kultur von Obst und Gemüse auf Mehrjährigen liegen sollte. Ich sehe das als langfristige Strategie mit dem Ziel, optimale Erträge in möglichst kurzer Zeit zu erzielen. Natürlich sollten Sie in der Einstiegssaison bereits einjähriges Gemüse wie Blattsalate, Erbsen und Bohnen ziehen. Trotzdem ist es besser, anfangs vor allem Mehrjährigen ihren Platz zuzuweisen, denn sie bleiben dort auf Dauer. Sind sie einmal eingewachsen, kann man die Einjährigen um sie herum planen. Genaueres über die Kultur der jeweiligen Mehrjährigen folgt auf den Seiten 88–115.

**Erdbeeren sind mehrjährig.** Nach dem Einwachsen kann man den Bestand durch Eintopfen von Ausläufern am Ende der kriechenden Triebe erweitern.

Paprika
Ausgetriebene
Kartoffeln
Tomate
Kartoffeln
Knoblauch
Bohnen
Kichererbsen
Erbsen

# SAATGUT AUS DER SPEISEKAMMER

Wenn es darum geht, kostenloses Saatgut aufzutreiben, ist die eigene Speisekammer die erste Adresse. Überlagertes, wie ausgetriebene Kartoffeln und alte getrocknete Erbsen, lässt sich pflanzen und liefert so wieder Frisches.

Ein Großteil dessen, was wir essen, hat gleichzeitig die Anlagen zum Neuanfang. Kartoffeln beispielsweise sind Knollen, Knoblauchzehen sind Zwiebeln und Erbsen Samen – alles lässt sich einsetzen und bringt neue Pflanzen hervor. Obst und Fruchtgemüse wie Tomaten und Paprika enthalten ebenfalls Samen.

Hier finden Sie eine kurze Einführung in den Anbau einiger Gemüsearten, die man meistens in der Küche oder Speisekammer vorrätig hat und aus denen neue Pflanzen entstehen, ohne dass man dafür Geld ausgeben muss. Ausführlichere Kulturanleitungen folgen im eigentlichen Kapitel über den Anbau von Einjährigen (siehe Seite 116–157).

Nicht alle Samen, die Sie in Ihrem Küchenschrank finden, sind keimfähig. Testen Sie deshalb erst wenige Samen einer Art vorab, bevor Sie dem Gemüse ein ganzes Beet widmen (siehe Seite 83).

**TOMATEN**

In kühleren Klimazonen nehmen Sie am besten die Samen von Kirschtomaten. Sie reifen schneller als großfruchtige Sorten, vor allem wenn sie draußen kultiviert werden. Jede reife Frucht enthält Samen, die man herausnehmen kann. Waschen Sie das Fruchtfleisch in einem Sieb unter fließendem Wasser ab. Lassen Sie die Samen vor der Aussaat auf einem Küchentuch trocknen (mehr zur Kultur auf Seite 148).

**PAPRIKA**

Die Samen von fast jedem gekauften Paprika, ob Gemüsepaprika oder Chili, können ausgesät werden. Das muss so früh wie möglich geschehen, also am besten schon im Spätwinter. Paprika mag Sonne und Wärme, er braucht daher eine sonnige Fensterbank für die Anzucht. In höheren Lagen ist sogar eine vollständige Kultur unter Glas ratsam. Sobald drinnen gezogene Pflanzen blühen, schüttelt man sie alle paar Tage behutsam, damit sie sich selbst bestäuben (mehr dazu auf Seite 150–151).

**ERBSEN**

Getrocknete Erbsen werden in leere, mit Erde gefüllte Klopapierrollen gesät. Zieht man sie als Sprossengemüse, kann man sie das ganze Jahr aussäen. Ansonsten wird das Saatgut in der zweiten Frühjahrshälfte ausgebracht. Sobald die Setzlinge nach draußen umgesiedelt werden können (siehe Seite 132), setzt man sie mitsamt der Rolle neben eine Kletterhilfe in die Erde. Ich verwende dafür die Äste ausgedienter Weihnachtsbäume und ergänze sie um Bambusstäbe oder lange Stöcke, sobald die Pflanzen höher werden. Lassen Sie beim Abernten ein paar Hülsen an den Trieben. In getrocknetem Zustand kann man die Erbsen im nächsten Jahr wieder als Samen verwenden.

**KICHERERBSEN**

Kichererbsen werden im zeitigen Frühjahr wie normale Erbsen (*siehe oben*) drinnen ausgesät. Drei Wochen

**TIPP**

*Versuchen Sie, Samen einer alten Tomatensorte statt die einer Supermarkttomate auszusäen. Das Saatgut, das Sie davon wiederum gewinnen können, ist mit Sicherheit der Renner auf jeder Samentauschbörse.*

nach dem letzten Frost siedelt man sie ins Freie um, dann stehen die Chancen gut, dass man noch Kichererbsen frisch aus der Hülse naschen kann. Die Pflanzen werden etwa 50 cm hoch, es sollte also nicht schwer sein, passende Stützen aufzutreiben. Erntereif sind sie etwa 100 Tage nach dem Einpflanzen. Zwicken Sie die grünen Hülsen ab und pulen Sie die Kichererbsen heraus – es sind nur etwa zwei pro Hülse. Heben Sie ein paar für das nächste Jahr auf.

**BOHNEN**

Wer getrocknete Dicke Bohnen (auch Acker-, Sau- oder Favabohnen) unter seinen Vorräten findet, kann einige davon im März drinnen aussäen und nach draußen setzen, sobald die Pflanzen etwa 7 cm hoch sind. In der Regel brauchen sie keine Stütze.

Viele häufig in der Küche verwendete Bohnen sind im eigenen Garten Exoten, etwa Kidney-, Soja- oder Borlotti-Bohnen. Viele Gärtner, ich selbst eingeschlossen, probieren nur zu gern Neues aus. Kann man dann wirklich etwas ernten, ist das eher ein Bonus, über den man sich freut.

Kidney-, Soja- und Borlotti-Bohnen werden im April drinnen ausgesät und liefern mit etwas Glück ab dem Hochsommer Essbares.

**KNOBLAUCH**

Knoblauch vermehrt sich fast von selbst: Eine einzige Zehe wächst zu einer ganzen Knolle heran. Knoblauch aus dem Supermarkt ist zwar manchmal vorbehandelt, doch Probieren geht über Studieren. Man steckt die Zehen im Herbst in die Erde und lässt sie den Winter über draußen. Bei Trockenheit müssen sie während des Wachstums gut gewässert werden. Sobald die untere Hälfte des Laubs welk geworden ist, holt man die Knollen aus der Erde. Von da an haben Sie immer einen Vorrat für eine neue Vermehrung.

**KARTOFFELN**

Alte, ausgetriebene Knollen sind die idealen Saatkartoffeln. Man kann sie in einzelne Stücke mit je einem Keim zerschneiden – jedes Teilstück sollte zu einer eigenen Pflanze heranwachsen. Kartoffeln treiben so bereitwillig aus, dass manchmal sogar ein Stück Schale mit einem Auge reicht. Eine ausführlichere Kulturanleitung finden Sie auf Seite 139–141.

Jede Saatkartoffel liefert eine große Ernte. Ab dem zweiten Jahr kann man schon die zehnfache Menge pflanzen wie im Vorjahr. Die Kartoffelfäule kann allerdings zum Problem werden – wie man sie vermeidet, erfahren Sie auf Seite 166.

**EBENFALLS EMPFEHLENSWERT**

- **Koriander** Die als Gewürz verkauften ganzen Körnchen können ausgesät werden. Aus ihnen wachsen Pflanzen mit gefiederten würzigen Blättern. Auch Senfkörner lassen sich durchaus aussäen.
- **Ingwer** Die knotigen Wurzeln werden so in Stücke geschnitten, dass jedes Stück ein Auge hat, also eine kleine gelbe Spitze (*siehe rechts*). Dann steckt man die Stücke so in die Erde, dass das Auge gerade noch herausragt. Die grünen Triebe schmecken köstlich.
- **Riesenkürbis** Retten Sie an Halloween ein paar Kürbissamen. Sie werden gesäubert, auf einer Fensterbank getrocknet und im darauffolgenden Frühjahr ausgesät.

1

2

3

## KEIMFÄHIG ODER NICHT?

Um herauszufinden, welche Samen noch keimfähig sind (hier: Trockenerbsen), prüfen Sie anhand einiger Stichproben, ob sie austreiben. Der Anteil der austreibenden Samen gibt Aufschluss darüber, wie viele in der restlichen Packung noch brauchbar sind. So vergeuden Sie nicht wertvolle Komposterde und viel Zeit mit dem Pflanzen und Wässern von unbrauchbarem Saatgut. Testen Sie die Keimfähigkeit zwei bis drei Wochen, bevor Sie den ganzen Posten auszusäen gedenken.

**1.** Die Plastikschale mit zwei Lagen Papierküchentüchern (oder Ähnlichem) ausschlagen und die Tücher mit der Sprühflasche besprühen – sie sollten gut feucht, aber nicht klatschnass sein. Samen in gleichmäßigen Abständen auf die Küchentücher legen. Schale mit dem Deckel verschließen und an einen warmen Platz stellen, etwa auf eine Fensterbank über einem Heizkörper.

**2.** Deckel alle zwei bis drei Tage öffnen, Samen prüfen und Papiertücher wieder anfeuchten, damit sie nicht austrocknen.

**3.** Binnen einer Woche sollten erste Würzelchen zu sehen sein. Wenn man nach zwei Wochen noch keine Anzeichen einer Keimung sieht, sind die Samen vermutlich nicht mehr keimfähig. Haben manche Würzelchen gebildet, trennt man sie mitsamt dem Papier heraus und pflanzt sie mit dem anhaftenden Papier ein, damit die Wurzeln nicht verletzt und die Samen unbrauchbar werden. Das Papier zersetzt sich rasch.

### SIE BRAUCHEN

- alten Speiseeisbehälter oder eine andere Plastikdose oder -schale mit Deckel
- Papierküchentücher, -taschentücher oder -servietten – sie werden doppellagig auf den Boden des Gefäßes gelegt
- Sprühflasche
- 6–10 Samen zum Testen

# SAATGUT TAUSCHEN, KONTAKTE KNÜPFEN

Tauschbörsen für Saatgut sind eine ideale Gelegenheit, kostenlos an Samen zu kommen – und ein Musterbeispiel für das soziale Miteinander einer Gemeinschaft, die das Beste aus begrenzten Ressourcen macht.

Das Konzept ist denkbar einfach: Man bringt überschüssige Gemüse-, Blumen- und Kräutersamen mit zur Börse und tauscht sie gegen Saatgut ein, das man selbst nicht hat. Meistens sind Tauschbörsen gut organisiert.

**WO FINDET MAN SAATGUTTAUSCHBÖRSEN?**
Fragen Sie beim örtlichen Gartenbauverein nach. Kommunen, die Lokalpresse und Facebook-Gruppen haben oft aktuelle Infos zu Terminen. Tauschbörsen für Saatgut finden für gewöhnlich zwischen Februar und April statt.

**WAS SIE MITNEHMEN SOLLTEN**
Ihre erste Tauschbörse ist die wichtigste, denn Sie müssen unkomplizierte Pflanzen für Ihren neuen Garten ergattern, die noch in der aktuellen Saison Samen ansetzen. So liefert der Garten Material, das Sie im nächsten Jahr selbst anbieten können. Ideal sind Erbsen und Stangenbohnen – sie sind ein gefragtes Tauschgut auf Börsen.

Wenn Sie allerdings erst vor der Gartengründung stehen und selbst noch kein Saatgut zu bieten haben, können Sie die Organisatoren fragen, ob Sie etwas anderes mitbringen dürfen. Auf manchen Börsen wird alles Mögliche rund ums Gärtnern angeboten, z. B.

- mehrjährige Pflanzen (siehe Seite 88–115)
- Töpfe und Upcycling-Pflanzgefäße
- Gartenbücher
- selbst gebastelte Saatgutetiketten
- Werkzeug, das Sie nicht mehr brauchen

Ein noch besseres Tauschobjekt ist Ihre Zeit. Manchmal freuen sich Anbieter, wenn man ihnen an ihren Ständen zur Hand geht. Damit knüpfen Sie bestens direkte Kontakte zu anderen Gartenbesitzern und bekommen von ihnen wertvolle Tipps über den Anbau bestimmter Pflanzen.

Sobald Sie über ein größeres Angebot an Samen verfügen und auch schon wissen, wie man sie erfolgreich aussät, können Sie selbst ein breiter gefächertes Sortiment zum Tausch anbieten.

**TAUSCHBÖRSEN OPTIMAL NUTZEN**
Stehen Sie schon bei der Öffnung der Börse auf dem Teppich, um sich Saatgut von Sorten zu sichern, die etwas schwieriger zu sammeln sind. Das gilt beispielsweise für Rote Bete oder Grünkohl, die erst im zweiten Jahr Samen bilden oder zur Fremdbestäubung neigen (auf Seite 129 erfahren Sie, von welchem Gemüse man am leichtesten Samen gewinnt). Wer mehr Samen im Päckchen hat, als er verwerten kann, verschenkt sie an Freunde oder zieht sie als Setzlinge, um sie selbst einzutauschen (siehe Seite 87).

**TAUSCHBÖRSENETIKETTE**

Damit Saatguttauschbörsen für alle Beteiligten fair ablaufen, sollte man

- **nicht mehr Saatgut eintauschen, als man braucht** – jeder muss die Chance bekommen, etwas mit nach Hause zu nehmen
- **viele unterschiedliche Samen eintauschen** – ich nehme pro Sorte höchstens 2–3 Päckchen, damit andere ebenfalls eine große Auswahl haben
- **sich Zeit nehmen und auch anderen Zeit lassen** – nicht drängen, nur weil Sie etwas sehen, was Sie gern hätten

WENN SIE SELBST NOCH KEIN SAATGUT ZUM TAUSCHEN HABEN, BIETEN SIE DEN ANDEREN STATTDESSEN IHRE HILFE AN.

## TIPP

*Pflanzen kann man auch ohne Tauschbörse tauschen. Nehmen Sie über Gartenbauvereine und Kleingartenanlagen mit anderen Kontakt auf und sagen Sie ihnen Bescheid, wenn Sie Überschüssiges haben.*

# PFLANZEN TAUSCHEN

Viele Gartenbesitzer, ich eingeschlossen, säen zu viel aus und haben dann mehr Pflanzen, als sie brauchen. Man kann überschüssiges Saatgut aber auch bewusst zwei bis vier Wochen vor einer Pflanzenbörse aussäen, um Tauschmaterial zu bekommen.

Pflanzentauschbörsen finden meistens im späten Frühjahr statt, wenn Gartenbesitzer überschüssige Setzlinge und Jungpflanzen loswerden wollen. Sie haben also genug Zeit, Ihr zuvor ertauschtes Saatgut (siehe Seite 84–85) rechtzeitig heranzuziehen, da Samentauschbörsen in der Regel einige Monate vorher im Spätwinter stattfinden. Oft organisieren Vereine und Gruppen, die Samentauschbörsen ausrichten, später auch Pflanzenbörsen, weshalb Sie mit dem Prozedere bereits vertraut sein werden. Ich finde Börsen faszinierend, denn man kommt immer mit einer Reihe interessanter Pflänzchen heim.

### WOMIT ANFANGEN?

An Material für Pflanzentauschbörsen kommen Sie, indem Sie überschüssiges Saatgut aus Samenpäckchen oder dem eigenen Garten speziell dafür ansäen. Unten sehen Sie eine Tabelle mit einigen beliebten, unkomplizierten Gemüsesorten, die Sie auf den Börsen anbieten können.

### WONACH SUCHEN?

Suchen Sie kräftige, gesunde Setzlinge aus. Ein Pflänzchen von trauriger Gestalt kann Schädlinge und Krankheiten in Ihren Garten mitbringen oder einfach eingehen und sich als Zeit-, Energie- und Platzverschwendung erweisen. Ideal sind Gewächse mit sattgrünen Blättern und kräftigen aufrechten Trieben, aber ohne Beschädigungen und Flecken. Wichtig ist eine korrekte Etikettierung, damit Sie wissen, welche Sorte Sie anbauen. Allerdings würde ich lieber eine unbekannte Pflanze als gar keine anbauen.

### GEFRAGTE PFLANZEN

Viele probieren gern etwas Ungewöhnliches aus, etwa Pflänzchen aus Samen von Supermarktpaprika (korrekt etikettieren!) oder aus getrockneten Kichererbsen gezogene Setzlinge. In den nächsten Jahren haben Sie dann die Möglichkeit, Stecklinge und Absenker eigener Mehrjähriger zu ziehen – sie finden auf Tauschbörsen immer Abnehmer.

| PFLANZE | ZEITRAUM | ANLEITUNG FÜR DIE AUSSAAT |
|---|---|---|
| Kürbisgewächse | 3 Wochen | 3 Wochen vor der Tauschbörse 1 Samen pro Topf aussäen |
| Tomaten | 3–5 Wochen | 3–5 Wochen vor der Tauschbörse aussäen und 1 Pflanze pro Topf kultivieren |
| Kohlgewächse | 2–3 Wochen | 2–3 Wochen vor der Tauschbörse 10–15 Samen in einer Saatschale aussäen |
| Kopfsalat | 1–2 Wochen | 1–2 Wochen vor der Tauschbörse in Saatschalen aussäen; nicht ausdünnen, damit Sie viele Sämlinge haben und die Tauschpartner sie selbst pikieren können |
| Dicke Bohnen und Stangenbohnen | 3–4 Wochen | 4 Wochen vor der Tauschbörse je 1 Samen in einen Klopapierrollentopf geben, 6 Rollen passen in eine Saatschale |
| Erbsen | 3–4 Wochen | 3–4 Wochen vor der Tauschbörse 3–4 Samen pro Topf aussäen |

# MEHRJÄHRIGE

WENN SIE MEHRJÄHRIGE FRÜH AUF DEN WEG BRINGEN, KÖNNEN SIE SCHON IM ZWEITEN JAHR ERNTEN – UND VIELE WEITERE JAHRE DANACH.

# MEHRJÄHRIGE IM GARTEN

Mehrjährige Obst-, Gemüse- und Kräuterpflanzen sind unschätzbar, wenn man einen kostenfreien Garten unterhalten möchte. Nach dem Einwurzeln brauchen sie kaum noch Pflege und liefern über viele Jahre hinweg verlässliche Erträge.

Ich teile die mehrjährig wachsenden Nutzpflanzen in meinem Garten grob in Kräuter, Rhizombildner (wie Rhabarber und Spargel), Knollen (Topinambur), kriechende Beeren (Erdbeeren), rankende Beeren (Brombeeren und Hybriden) und Obststräucher (Johannisbeeren und Stachelbeeren) ein.

Jede mehrjährige Pflanze wird anders vermehrt und kultiviert, was allerdings nicht schwer ist. Ich habe bewusst die einfachsten Kulturmethoden ausgesucht, damit Sie so wenig Zeit, Arbeit und Erde wie möglich aufwenden müssen. Auf dieser Seite geht es vor allem um die laufende Pflege von Mehrjährigen. Sie enthält außerdem Ernte- und Vermehrungstipps. Ausführlichere Kulturanleitungen finden Sie unter den jeweiligen Arten auf Seite 92–115.

### JÄTEN

Wenn die Erntezeit für die Mehrjährigen noch Monate in der Zukunft liegt und man sich gerade auf einjähriges, bald erntereifes Gemüse konzentriert, vergisst man leicht das Jäten. Ich unterdrücke Unkraut in der Nähe mehrjähriger Obststräucher, Rhizome und fruchtender Kletterpflanzen, indem ich den Boden mit dicken Lagen von Karton oder Zeitungspapier bedecke und es mit Steinen oder Ziegeln beschwere. Außerdem zupfe ich alles aus, was sich in Stammnähe zeigt. Das ist schnell und leicht gemacht und nicht öfter als ein- oder höchstens zweimal im Jahr nötig.

### DÜNGEN

Mehrjährige sind nicht nährstoffhungrig. Den größten Teil meiner Komposterde bekommen daher meine Einjährigen. Trotzdem werfe ich beim Umsiedeln eines mehrjährigen Gewächses an seinen endgültigen Standort gern Komposterde in das Pflanzloch, damit es sich eingewöhnen kann und die Wurzeln nach unten wachsen. Es geht aber auch problemlos ohne.

Ist im Frühjahr etwas Komposterde übrig, verteile ich als Nährstoffspritze gern eine knapp 5 cm dicke Lage auf dem Kartonpapiermulch. Unbedingt notwendig ist das aber nicht – in freier Natur etwa tragen Brombeeren auch ohne Düngung des Erdreichs reichlich Früchte, die himmlisch schmecken.

### ERNTEN

Im Gegensatz zu manchen einjährigen Gemüsearten, die über Monate hinweg tragen oder zu unterschiedlichen Zeiten reifen, steht die Ernte von Mehrjährigen Jahr für Jahr zu einer bestimmten Zeit an. Weil alles frisch am besten schmeckt, sehen Sie sich die Pflanzen alle paar Tage an, um die Früchte in ihrem optimalen Reifezustand zu erwischen. Himbeeren, Erdbeeren und andere Beerenfrüchte müssen rechtzeitig gepflückt werden, da sie sehr schnell verderben oder schimmeln.

### VERMEHREN

Meine Leidenschaft für das Gärtnern wurde entfacht, als ich anfing, Mehrjährige zu vermehren. Als Kind habe ich ständig Stecklinge in den Boden gedrückt und mich gewundert, dass sie Wurzeln schlugen und zu neuen Pflanzen heranwuchsen. Bald hatte ich mehr Pflanzen als Platz und begann, sie zu verkaufen oder zu verschenken. Für die Mehrjährigen in diesem Kapitel schlage ich drei Vermehrungsmethoden vor: Stecklinge nehmen, Teilen und Absenken – alles tolle Wege, um Ihre Bestände kostenlos zu vermehren.

**Mehrjährige können langfristig** gute Erträge liefern (*oben rechts*). Unkraut wird man Herr, indem man Kartonpapier auslegt (*oben links*) und Pflanzen, sofern genug Komposterde vorhanden ist, gut mulcht (*unten links*). Ihre Gewächse können Sie mit einfachen Methoden wie Absenken vermehren (*unten rechts*).

EINMAL SIND IN EINER SAISON FAST ALLE DER 300 STECKLINGE, DIE ICH VON MEINEN BEERENSTRÄUCHERN GENOMMEN HABE, EINGEWURZELT.

a
b
c
d
e
f
g
h
i
j
k

# KRÄUTER

Gemüse aus dem eigenen Garten schmeckt und duftet besonders gut, wenn man es mit frischen Kräutern würzt. Diese lassen sich leicht vermehren und anbauen. Einige sind sogar immergrün und können das ganze Jahr geerntet werden.

Die Kräuter, die Sie in der Küche am häufigsten verwenden, sollten auch in Ihrem Garten einen Stammplatz bekommen. Hier meine Favoriten:

**a. Schnittlauch**
Die grasartigen Blätter dieses beliebten Küchenkrauts zeichnen sich durch einen milden Zwiebelgeschmack aus. Auch die rosa oder violetten Blüten sind essbar. Schnittlauch kommt auch mit Halbschatten und eher feuchten Bedingungen zurecht. Er zieht über den Winter ein.

**b. Lavendel**
Ein beliebtes, duftendes Kraut, das häufig in Desserts eingesetzt wird. Lavendel braucht einen sonnigen Platz, um Bienen und andere Nützlinge anzulocken. Stecklinge werden von nicht blühenden Trieben genommen (siehe Seite 96). Die Blätter sind immergrün, doch die Blüten öffnen sich nur im Sommer.

**c. Zitronenmelisse**
Aus dem Kraut mit den süßlichen, nach Zitrone duftenden Blättern wird gern Beruhigungstee aufgegossen. Man kultiviert es am besten im Topf, damit es sich nicht zu stark ausbreitet. Im Winter zieht es ein.

**d. Zitronenverbene**
Die stark nach Zitrone duftenden Blätter liefern einen köstlichen Tee, die Blüten haben einen milderen Zitrusgeschmack. Der Strauch braucht durchlässige Böden in der vollen Sonne, ist aber nicht winterhart.

**e. Liebstöckel**
Geschätzt werden die nach Sellerie schmeckenden jungen Blätter. Liebstöckel kann bis zu 2 m hoch werden. Er mag nährstoffreiche, feuchte Böden in der Sonne oder im Halbschatten. Im Winter zieht er ein.

**f. Oregano**
Er kommt oft in italienischen Gerichten zum Einsatz und zeichnet sich durch einen mildwürzigen Geschmack aus. Man zieht ihn an einem sonnigen Platz in durchlässiger Erde. Er zieht im Winter ein.

**g. Minze**
Gehackte, frische Minze schmeckt mit frischen Kartoffeln und Erbsen köstlich. Wie die Zitronenmelisse kultiviert man sie am besten im Pflanzgefäß, da sie sich invasiv ausbreitet. Sie zieht im Winter ein.

**h. Rosmarin**
Rosmarin ist ein immergrüner Halbstrauch und kann auch im Winter beerntet werden. Es lässt sich leicht mit Steckhölzern vermehren (siehe Seite 96). Ich würze damit gern Bratkartoffeln, die ich in Olivenöl röste.

**i. Salbei**
Das vielseitige Kraut wird seit Jahrhunderten kultiviert und kann das ganze Jahr geerntet werden. Junge Blätter schmecken in Butter gebraten umwerfend. Salbei verträgt allerdings nicht viel Nässe, weshalb man ihn an vollsonnigen Standorten mit gut durchlässiger Erde zieht.

**j. Estragon**
Die linealischen, aromatischen Blätter haben einen einnehmenden Anisgeschmack. Es gibt zwei Unterarten: Russischer Estragon ist winterhart, Französischer ist empfindlicher, aber dafür wohlschmeckender.

**k. Thymian**
Das beliebte Küchenkraut braucht viel Sonne. Bienen fliegen auf die Blüten, die sich im Sommer zeigen. Thymian braucht durchlässige Böden und kann das ganze Jahr über geerntet werden.

## PFLANZEN

Alle in diesem Abschnitt beschriebenen mehrjährigen Kräuter lassen sich in großen Pflanzgefäßen oder mit Plastiktüten ausgekleideten Altreifen kultivieren. Ich bevorzuge Reifen, weil sie eine zu starke Ausbreitung der Wurzeln verhindern und Platz für mehrere Kräuter nebeneinander bieten. Mehr über das Bepflanzen von Reifen auf Seite 32–33. Kräuter brauchen eine gute Dränage, weshalb man auf dem Boden der Gefäße immer eine Handvoll Steine oder Tonscherben verteilen sollte. Das Substrat sollte aus 4 Teilen Oberboden und 1 Teil Komposterde bestehen.

## PFLEGEN

Den alten Wuchs sommergrüner Kräuter, die im Winter einziehen, schneidet man im Spätherbst zurück. Man hält sie unkrautfrei und mulcht sie im ausgehenden Winter mit 2–3 cm Komposterde. Rosmarin, Thymian und Französischer Estragon brauchen bei Frost und Schnee einen guten Winterschutz aus Stroh oder einer alten Decke. Die Zitronenverbene zieht man in Töpfen und bringt sie im Winter nach drinnen.

Ab Saisonbeginn im Frühjahr werden Kräuter in Töpfen alle 2–3 Monate mit selbst angesetztem Flüssigdünger gedüngt (siehe Seite 72–75).

### BESTÄUBER ANLOCKEN

Will man nützliche Insekten in seinen Garten locken, damit sie Obst- und Gemüsepflanzen bestäuben, sollte man ihnen eine Auswahl blühender Kräuter bieten. Oregano, Lavendel und Schnittlauch sind meine Favoriten, wenn es darum geht, Hummeln, Honigbienen, Schwebfliegen und Schmetterlinge auf den Plan zu rufen.

## ERNTEN

Kräuter haben lange Saison. Immergrüne Arten kann man sogar im Winter noch ernten. Schneiden Sie immer nur so viel ab, wie Sie brauchen – und nie mehr als die Hälfte der Pflanze, damit sie Jahr für Jahr gut wächst. Die meisten Kräuter sind aber so wüchsig, dass man sie fast nicht zu sehr abernten kann.

## VERMEHREN

Vermehren lassen sich Kräuter im Wesentlichen auf zweierlei Art: durch Teilung und Steckhölzer. Möglich ist zwar auch die Aussaat, doch treibt man Saatgut schwer auf. Außerdem dauert es bei der Aussaat viel länger, bis eine Ernte möglich ist.

### Vermehrung durch Teilung

Dazu gräbt man ältere Pflanzen im zeitigen Frühjahr bzw. Herbst vorsichtig aus oder nimmt sie aus dem Gefäß und teilt den Wurzelballen in bis zu vier Abschnitte.

Am besten vermehren lassen sich durch Teilung:

- Schnittlauch
- Zitronenmelisse
- Liebstöckel
- Oregano
- Minze
- Thymian

**1.** Kraut aufnehmen, indem man mit einer Grabegabel unter den Wurzelballen sticht und ihn aus der Erde hebelt. Überschüssige Erde abschütteln und Pflanze auf Rasen oder weiche Erde legen.

**2.** Den Wurzelballen mit einem Spaten in der Mitte teilen. Das hört sich brutal an, doch erholt sich das Kraut rasch wieder davon. Die Hälften größerer Horste werden ein weiteres Mal geteilt, sodass man maximal vier Teile bekommt.

**3.** Sie haben nun zwei bis vier ältere Pflanzenteile mit jeweils gutem Wurzelsystem. Jedes wird nun an seinen endgültigen Platz im Topf oder Freiland gesetzt – bei mir war es ein Reifen. Eingetopfte Teilstücke sind auch ein nettes Geschenk für Nachbarn.

1

2

3

**Für die Stecklingsvermehrung** von Rosmarin schneidet man Triebe ab, die noch nicht geblüht haben.

## Vermehrung mit Stecklingen

Das ist mir die mit Abstand liebste Vermehrungsmethode – damit bekomme ich binnen weniger Wochen Dutzende Kräuterpflänzchen! Schneiden Sie die Stecklinge im Sommer, damit sie vor dem Winter noch ein gutes Wurzelsystem entwickeln. Allerdings wurzeln nicht alle ein.

Für die Stecklingsvermehrung eignen sich vor allem:

- Lavendel
- Zitronenmelisse
- Zitronenverbene
- Oregano
- Minze
- Rosmarin
- Salbei
- Thymian
- Estragon

Sie brauchen: Schere oder Messer, Joghurtbecher (mit Abzugslöchern) oder Töpfe sowie eine Mischung aus Oberboden oder Sand und selbst gemachter Komposterde als Substrat.

1

2

**1.** 7–10 cm lange Triebspitzen von der Pflanze schneiden und in wassergefüllte Gläser oder Becher stellen.

**2.** Töpfe bis knapp unter den Rand mit der Mischung aus Garten- und Komposterde füllen.

**3.** Mit den Fingern die unteren zwei Drittel der Blätter vom Trieb abstreifen.

**4.** Stecklinge so in die Töpfe stecken, dass sich das unterste Blattpaar knapp über der Oberfläche des Substrats befindet. Wässern und an einen warmen, sonnigen Platz stellen. Töpfe nie ganz austrocknen lassen. Nie überwässern, sonst faulen die Stecklinge.

**Weiterkultivieren**

Nach 6–8 Wochen sollten die Stecklinge eingewurzelt sein und frisches Laub ansetzen. Nun nimmt man sie aus den Joghurtbechern und pflanzt sie in etwas größere Töpfe. Nach weiteren drei Monaten kommen sie erneut in größere Töpfe. Die winterharten Kräuter lasse ich an einem geschützten Platz draußen stehen, nur Zitronenverbene, Rosmarin und Estragon bekommen einen Platz drinnen auf einer kühlen Fensterbank. Nach dem Austrieb im Frühjahr verfrachtet man sie dann an ihren endgültigen Standort. Bei verholzenden Kräutern werden die Triebspitzen abgezwickt, sobald sie etwa 10 cm hoch sind, damit sie sich gut verzweigen und eine schöne Form bekommen.

**TIPP**

*Minzetriebe können in Wasser bewurzeln. Dazu die untersten zwei Drittel der Blätter abstreifen und den Trieb in ein Wasserglas stellen. Zwei Wochen nach Erscheinen der ersten Wurzeln den Steckling eintopfen.*

3

4

# RHABARBER

Rhabarber ist streng genommen kein Obst, sondern ein Gemüse, weil wir nicht die Früchte, sondern die Blattstiele essen. Die Rhizomstaude lässt sich leicht kultivieren und vermehren, braucht kaum Pflege und wird locker zehn Jahre alt.

1

Rhabarber lässt sich ansäen, doch wesentlich schneller kommt man zu den ersten Stangen, wenn man Rhizomstücke pflanzt, die zudem einfacher zu bekommen sind als Samen. Rhabarber ist der ideale Lückenfüller für das Frühjahr, wenn der Garten sonst kaum frisches Obst und Gemüse abwirft.

**PFLANZEN**

Setzen Sie das Rhizomstück im Winter oder im zeitigen Frühjahr direkt in den (frostfreien) Freilandboden oder ein großes Hochbeet. Da mit mächtigen Blättern zu rechnen ist, begnügt man sich vorerst am besten mit einer einzigen Pflanze, bis man ungefähr abschätzen kann, wie groß der Ertrag ausfällt. Das Pflanzloch muss zweimal so hoch und breit wie das Rhizomstück sein. Auf den Boden des Lochs geben Sie etwas Komposterde oder gut verrotteten Stallmist. Die Spitze des Rhizoms sollte gerade noch aus dem Boden herauslugen. Nun füllt man das restliche Pflanzloch mit der zuvor ausgehobenen Erde und wässert gut.

**PFLEGEN**

Damit das Rhizom nicht von Unkraut überwuchert wird, legt man einen kleinen Kragen aus Zeitungs- oder Kartonpapier um den Ansatz. Im ausgehenden Winter mulche ich meine Pflanze als Wachstumsturbo außerdem einige Zentimeter hoch mit Komposterde, Stallmist oder teilweise verrottetem Kompost. Im Sommer wird Rhabarber gut gewässert, sofern er

2

3

nicht im Schatten wächst. Alle fünf Jahre sollte man ihn teilen, damit er weiter ordentliche Erträge liefert (*siehe unten*).

**ERNTEN**

Die Stangen können Sie vom Frühjahr bis zur Sonnenwende abschneiden. Hat man die Pflanze erst kurz vorher aus einem Teilstück vermehrt, sollte man im ersten Jahr höchstens ein Viertel der Stangen ernten – bei einem mindestens drei Jahre alten Exemplar darf es auch die Hälfte auf einmal sein. Danach wartet man aber, bis die Pflanze sich regeneriert hat.

**VERMEHREN**

Teilen Sie Rhabarber im Herbst, wenn das Laub abstirbt, oder im zeitigen Frühjahr, wenn es allmählich wärmer wird.

**1.** Dazu den Boden um den Ansatz mit einer Grabegabel vorsichtig lockern, dann den ganzen Stock heraushebeln und auf weiches Erdreich legen.

**2.** Erde abstreifen, sodass man die Knospen sieht – aus ihnen wachsen die Blätter. Den Stock mit einem Spaten in mehrere Abschnitte mit jeweils mindestens einer Knospe und einigen Wurzeln teilen. Sind die Wurzeln sehr zäh, kann es sein, dass man ziemlich viel Kraft dabei aufwenden muss.

**3.** Teilstücke sofort wieder einpflanzen, damit sie nicht austrocknen. Rhabarber ist beliebt und kann eingetauscht werden; dazu die Teilstücke eintopfen.

**TIPP**

*Rhabarber gehört in eine schattige Ecke. Hier gedeiht er und braucht zudem nur ganz wenig – oder sogar überhaupt nicht – gewässert zu werden.*

**SPARGEL**

Spargel ist wie Rhabarber eine Rhizomstaude und wird während der obst- und gemüsearmen Zeit im Frühjahr erntereif. Auf eine Kulturanleitung habe ich hier verzichtet, denn er ist wesentlich schwerer zu bekommen und anzubauen als Rhabarber. Die Mühe auf sich zu nehmen kann sich jedoch lohnen.

# TOPINAMBUR

Neben Kartoffeln, die wie Einjährige behandelt werden, ist Topinambur mein liebstes mehrjähriges Gemüse. Oberirdisch werden die Stauden bis zu 3 m hoch und tragen hübsche gelbe Blüten.

Eine gute Quelle für Topinambur sind Tauschbörsen. Die Knollen werden wie Kartoffeln angebaut und geerntet. Im Gegensatz zu diesen leiden sie aber nicht an Krankheiten und müssen deshalb auch nicht Jahr für Jahr neu gepflanzt werden. Unser Topinambur gedeiht seit 15 Jahren frohgemut an ein und demselben Standort.

Topinambur kann anfangs Verdauungsprobleme verursachen, die sich jedoch bald legen. Außerdem überwiegen seine Vorteile bei Weitem. Die Pflanze gedeiht im Halbschatten, muss kaum gewässert werden, liefert durch den Winter bis zum zeitigen Frühjahr Knollen, wird nur selten von Schädlingen und Krankheiten geplagt und ist extrem pflegeleicht – mit anderen Worten: ein Bilderbuchgemüse.

**PFLANZEN**

Die wüchsigen Verwandten der Sonnenblume ziehen Sie am besten in Hochbeeten oder direkt im Boden.

**1.** Im zeitigen Frühjahr einen etwa 10 cm tiefen Graben ausheben. Dessen Boden mit einer 5 cm dicken Schicht Gemüseabfälle oder gut verrottetem Stallmist bedecken, darüber eine dünne Schicht Erde geben, damit die Knollen keinen Nährstoffschock bekommen.

**2.** Die Knollen im Abstand von 30 cm auf die Erdschicht im Graben legen.

**3.** Graben mit dem Aushub wieder auffüllen. Zwischen mehreren Gräben 30–40 cm Abstand lassen.

1

2

**PFLEGEN**
Die Triebe erscheinen im April und wachsen rasch, noch kräftiger als Unkraut. Durch den Schatten, den die hohen, dicht belaubten Stauden werfen, bleibt auch der Boden um sie herum unkrautfrei. In trockenen Sommern wässert man wöchentlich, damit die Pflanzen gesund bleiben, und mulcht den Ansatz mit Grasschnitt, um ein zu schnelles Verdunsten der Bodenfeuchtigkeit zu verhindern. An sonnigen Standorten öffnet Topinambur zu Herbstbeginn sonnenblumenartige Blüten. Schneiden Sie die Triebe nicht zurück, wenn sie einzuziehen beginnen, sondern lassen Sie sie stehen, damit sie die unterirdischen Knollen nähren.

**ERNTEN**
Geerntet wird Topinambur ab dem Spätherbst. Man zieht entweder jede Pflanze an ihrem oberirdischen Wuchs aus dem Boden oder hebelt sie mit einer Grabegabel aus dem Erdreich. Ich staune immer wieder über die Menge an Knollen, die ein einziges Exemplar liefert. Man kann die Knollen auch erst bei Bedarf ernten – es schadet ihnen nicht, wenn sie den Winter über im Erdreich bleiben.

**VERMEHREN**
Die Vermehrung könnte simpler nicht sein. Lassen Sie einfach beim Ernten eine Knolle alle 30 cm in 20 cm Tiefe in der Erde, geben Sie etwas Komposterde als Dünger dazu und schieben Sie die Erde wieder darüber. Aus drei Knollen können im folgenden Jahr bis zu 20 werden. Wenn Sie anfangs also nicht gleich die ganze Ernte verputzen, schöpfen Sie ab dem zweiten Jahr so richtig aus dem Vollen.

**TIPP**

*Beste Ergebnisse erzielen Sie, wenn Sie Topinambur – die größte in diesem Buch beschriebene Pflanze – an einen geschützten Platz setzen.*

# BROMBEEREN UND HYBRIDEN

Die Kulturformen dieser Kletterpflanze und ihre Hybriden, die Taybeere und die Loganbeere, tragen monatelang große, saftige Früchte. Sie eignen sich deshalb bestens für Gärten, in denen Platz knapp ist.

a

b

Brombeeren sind in Kultur unkompliziert und lassen sich obendrein problemlos vermehren. Es gibt etliche Sorten – mein Favorit etwa ist 'Silvan' – und sogar stachellose Züchtungen, die man ohne Handschuhe anfassen kann. Neue Pflanzen tragen erst im zweiten Jahr Früchte, doch das Warten lohnt sich. Hybriden wie die Taybeere sind eine Kreuzung aus Brombeere und Himbeere. Sie werden wie Brombeeren behandelt und vermehrt und liefern hohe Erträge.

**a. Brombeeren**
Wilde Brombeeren wuchern stark und sind sehr stachelig, doch spezielle Züchtungen (hier zu sehen) haben größere Früchte und lassen sich an einer Stütze gezogen gut an zu viel Ausbreitung hindern.

**b. 'Silvan'**
Diese Sorte ist sehr ertragreich und liefert dunkelrote, köstlich süße Früchte. Eine exquisite Gartennascherei.

**c. Taybeeren**
Sie ähneln Loganbeeren, sind aber süßer und größer. Wer seine Beeren ungezuckert genießen will, ist mit ihnen bestens bedient.

**d. Loganbeeren**
Sie sind saurer als Taybeeren und leuchten in schönstem Rot. Man kann sie wie Himbeeren frisch essen oder zu einer leckeren Konfitüre einkochen.

c

d

**PFLANZEN**

Brombeeren kann man im Freiland oder in einem großen Gefäß kultivieren. Als Kletterhilfe bietet man ihnen einen Zaun, ein Rankgitter oder eine andere stabile Stütze. Gut aufgehoben sind sie auch vor einer Wand, doch sollte man diese mit Drähten bespannen, um die Ruten daran festzubinden.

Gepflanzt werden Brombeeren an einem warmen, sonnigen Platz. Während die Früchte reifen, brauchen sie viel Wärme. Topfpflanzen mit Ballen lassen sich jederzeit nach draußen setzen, wurzelnackte Exemplare hingegen müssen während der winterlichen Ruheperiode in die Erde und davor zwei Stunden lang ins Wasser gestellt werden.

**1.** Ein Loch ausheben, das so groß ist, dass die Wurzeln gut hineinpassen, ohne zusammengedrückt zu werden, dann noch einmal 5 cm tiefer graben. Das Loch so nah an der Stütze wie möglich ausheben, damit Sie die Ruten beim Anbinden nicht zu sehr zur Stütze hinbiegen müssen.

**2.** In das Loch eine 5 cm dicke Schicht Komposterde füllen und gründlich wässern.

**3.** Pflanze so hineinsetzen, dass sie genauso tief sitzt wie im Topf. Bei wurzelnackten Exemplaren sucht man am Rutenansatz nach der Stelle, an der die Farbe von dunkel zu hell wechselt – die frisch einzufüllende Erde muss am neuen Standort exakt bis zu dieser Markierung reichen.

**4.** Pflanze in eine aufrechte Position bringen und Loch mit dem Aushub füllen. Eine Handvoll Komposterde mit hineingeben, damit die Pflanze einen optimalen Start hat.

**5.** Ist das Loch aufgefüllt, Erde mit den Füßen festtreten, dann reichlich wässern.

**TIPP**

*Auf einer Seite unseres Gartens wachsen an unserem Zaun allerlei Beeren. Sie sind willkommener Windschutz und Obstlieferanten zugleich.*

**KULTUR**

Der Bereich um die Brombeerruten muss unkrautfrei bleiben. Manchmal reicht es einmal im Frühjahr und einmal im Herbst zu jäten. Im Herbst mulche ich meine Brombeeren in einem Radius von 20 cm um die Triebe 5 cm hoch mit Komposterde. Besonders Topfpflanzen brauchen Mulch, denn er liefert Nährstoffe. Decken Sie den Boden vor dem Mulchen mit Kartonpapier ab, um Unkraut zu unterdrücken.

**Frische Triebe erziehen**

Im Spätherbst werden alle alten Ruten, die Früchte getragen haben, herausgeschnitten. Dann sucht man die frischen Triebe, die eine hellere frischgrüne Farbe haben als die alten Ruten, und bindet sie an die Stütze. Da Brombeeren und ihre Hybriden am vorjährigen Holz Früchte tragen, sollten Sie die frischen Ruten, deren Früchte Sie im nächsten Jahr ernten, alle in eine Richtung leiten, damit Sie die Triebe des nächsten Jahres in die andere wachsen lassen können. Jede Rute wird 3- bis 5-mal angebunden. Dabei fängt man unten an und arbeitet sich nach oben. Die Ruten werden fächerförmig mit 10 cm Abstand fixiert.

Wenn an der Stütze nicht mehr genug Platz ist, lassen Sie einige Ruten für eine Vermehrung stehen (*siehe gegenüber*) oder schneiden Sie sie ab.

**Angebunden** werden neue Triebe im Herbst nach dem Zurückschneiden der alten Ruten, die im Sommer Beeren getragen haben.

**ERNTE**

Beerensträucher liefern in den meisten Jahren gute Ernte, doch die Früchte halten nicht lange – im Kühlschrank bestenfalls drei Tage. Entweder man nascht sie so frisch und süß wie möglich oder man friert sie ein. Ich zupfe sie am Ende eines sonnigen Tages ab, dann sind sie noch ein bisschen süßer als am Morgen.

Nicht nur Sie, auch Vögel zeigen ein reges Interesse an den Beeren. Wenn Sie nicht wollen, dass die Tiere Ihnen die Beeren vor der Nase wegschnappen, sollten Sie während der Reifephase eine selbst gebastelte Vogelscheuche aufstellen (siehe Seite 164). Nach der Ernte werden die fruchttragenden Ruten im Herbst bis zum Boden zurückgeschnitten.

1

2

**VERMEHRUNG**

Die Vermehrung von Brombeeren und ihren Hybriden durch Absenken, also Vergraben neuer Triebe, die noch nicht gefruchtet haben, geht ganz leicht. Man sollte nur den Absenker nicht zu früh von der Mutterpflanze abschneiden oder das Pflanzgefäß austrocknen lassen. Abgesenkt wird am besten zwischen Februar und April, sodass die Pflanzen im Verlauf der Saison noch reichlich Zeit haben zu wachsen. Hat man erst einmal einen älteren Strauch, kann man jährlich bis zu einem Dutzend neuer Pflänzchen heranzüchten. Sie eignen sich hervorragend als Tauschobjekt.

**1.** Mittelgroßes Pflanzgefäß auswählen, etwa einen alten Eimer. Abzugslöcher in den Boden bohren, dann mit Komposterde oder einer Mischung aus Kompost- und Gartenerde füllen.

**2.** Eine lange Rute wählen, die noch nicht gefruchtet hat. Pflanzgefäß so positionieren, dass man den Trieb bequem zu ihm hinunterbiegen kann und er die Oberfläche des Substrats berührt.

**3.** Trieb knapp hinter der Spitze etwa 1 cm tief eingraben und mit einem Stein beschweren oder mit einer Klammer befestigen, damit er fixiert bleibt.

**4.** Normalerweise sollte das Substrat im Spätwinter durch den Niederschlag immer schön feucht sein, aber bei längeren Trockenperioden im Frühjahr und Sommer kann es schon einmal vorkommen, dass man wöchentlich wässern muss. Im Verlauf der Saison wurzelt der Trieb gut ein und kann deshalb im Herbst von der Mutterpflanze getrennt und umgepflanzt werden. In der kommenden Saison trägt er nur wenige Beeren, doch im Jahr darauf legt er so richtig los.

MIT EINFACHEN, SELBST GEBASTELTEN SCHEUCHEN HALTEN SIE VÖGEL VON DEN BEEREN FERN.

3

4

# ERDBEEREN

Das köstliche Superfood beschwört Erinnerungen an warme Sommertage herauf und macht viel Freude. Nichts geht über den Geschmack der ersten reifen, selbst gezogenen Erdbeeren, die man direkt von den Pflanzen zupft und schnurstracks in den Mund wandern lässt.

Erdbeeren lassen sich leicht in Beeten und Pflanzgefäßen kultivieren, mögen aber keine zu nährstoffreiche Erde. Weil man sie deshalb nicht mit eigener Komposterde verbessern muss, sind sie das ideale Obst für Einsteiger mit neu angelegtem Garten. Die meisten Sorten, Wald- bzw. Monatserdbeeren ausgenommen, fruchten nur einmal im Jahr. Gartenneulinge steigen am besten mit Züchtungen ein, die im Sommer tragen.

## PFLANZEN

Keine Pflanze in diesem Buch ist einfacher zu vermehren als die Erdbeerstaude. Sie aufzutreiben sollte daher nicht schwer sein. Ich besorge sie mir meist im Frühjahr auf Tauschbörsen und pflanze sie mit 30 cm Abstand in Kästen oder Hochbeete mit Gartenerde. Eine Handvoll Komposterde oder ein paar Gemüsereste 10 cm unter der Oberfläche schaden anfangs jedoch nicht. Eine gute Zeit zum Einpflanzen ist das Frühjahr, ansonsten kann man sie auch im Herbst setzen. Schon im ersten Jahr darf man mit Erträgen rechnen, wer sich also bis zum Frühjahr Pflanzen besorgt, kann im Sommer erste Beeren ernten. Die Stauden bilden lange, kriechende Triebe, Ausläufer genannt, die nackte Erde im Nu besiedeln. Daher ist es manchmal ratsam, ihren Ausbreitungsdrang zu begrenzen, indem man sie in einen Reifen oder ein Hochbeet mit Rand pflanzt.

## KULTUR

Im Frühjahr – oder jedes zweite Frühjahr – sollten die Pflanzen mit einer 2–3 cm dicken Lage Komposterde gemulcht werden. Sobald sie Beeren tragen, streut man trockenen Grasschnitt oder Stroh um sie herum auf das Erdreich, damit die Früchte nicht den Boden berühren und faulen. Sollten die Temperaturen unerwartet unter den Gefrierpunkt sinken, obwohl die Pflanzen bereits Blüten tragen, schützt man sie (siehe Seite 24). Trennen Sie eventuelle Ausläufer im Frühjahr ab, bevor sich Blüten oder sogar Beeren daran bilden, denn sie kosten die Mutterpflanze zu viel Energie.

## ERNTE

Ernten Sie Erdbeeren, sobald die ganze Frucht rot ist. Ich zupfe sie am liebsten mittags ab, wenn die Sonne sie erwärmt hat – das scheint ihre Süße noch zu verstärken. Erdbeeren schmecken nicht nur uns Menschen, sondern auch Vögeln, weshalb man die Tiere fernhalten sollte (siehe Seite 164), um nicht enttäuscht vor leeren Pflanzen zu stehen. Geerntete Erdbeeren verderben rasch und sollten binnen zwei Tagen gegessen werden, was allerdings nicht schwer sein dürfte! Wer den Platz hat, ein ganzes Beet Erdbeeren anzubauen, kann die Früchte auch zu fantastischen Konfitüren einkochen.

### WALDERDBEERE

Diese Art könnte nicht leichter zu kultivieren sein. Man sollte einmal mit einer 2–3 cm dicken Schicht aus Komposterde mulchen und die Pflanzen ansonsten in Ruhe lassen. Manche Sorten bilden Ausläufer, andere nicht, möglich ist jedoch auch eine Aussaat. Die Früchte schmecken himmlisch, sind aber winzig und können Ihren Appetit darauf vermutlich nicht einmal annähernd stillen.

**Polstern Sie die Erde** um die Stauden mit einer Mulchschicht aus trockenem Stroh, damit die Früchte nicht den Boden berühren (*oben*). Walderdbeeren haben einen feinwürzigen Geschmack (*oben rechts*), Gartenerdbeeren (*Mitte und rechts*) größere Früchte.

## VERMEHRUNG

Erdbeeren sind zwar mehrjährig, lassen aber nach einiger Zeit nach und tragen dann kaum noch. Deshalb sollte man sie alle drei bis vier Jahre durch frisch vermehrte Pflanzen ersetzen. Die bekommt man ganz einfach dadurch, dass man einige Absenker (Ableger) im Beet einwurzeln lässt und die Mutterpflanze im Herbst entfernt. Ähnlich wie Brombeeren (siehe Seite 102–105) können Erdbeeren auch durch Absenken vermehrt werden. Wenn die Pflanzen ihre Ausläufer losschicken, fangen die Spitzen dieser Triebe bald an, Wurzeln zu bilden. So entsteht ein kräftiges, eigenständiges Pflänzchen, das man herausnehmen und andernorts wieder einpflanzen kann. Bald bildet auch diese Pflanze eigene Ausläufer. Die meisten Gartenbesitzer vermehren ihre Erdbeeren auf diese simple Weise. Ich freue mich immer, wenn ich überschüssige Pflänzchen weitergeben kann.

### Vermehrung durch Absenker

Ich vermehre meine Erdbeeren für gewöhnlich in der zweiten Sommerhälfte, wenn sie nicht mehr tragen und ihre ganze Energie in die Bildung von Tochterpflänzchen gesteckt haben. Sie brauchen für die Vermehrung lediglich einige kleine bis mittlere Töpfe, gutes Substrat, eine Gartenschere oder ein Messer und ein paar kleine Steine als Gewichte.

**1.** So viele Absenker (die Pflänzchen am Ende der langen, dünnen Ausläufer) auswählen, wie gebraucht werden, und den Rest entfernen – die Mutterpflanze konzentriert daraufhin ihre Energie auf diese Tochterpflanzen, die dann rasch einwurzeln. Manche Absenker bilden schon Wurzeln, bevor sie den Erdboden berühren.

**2.** Pflanztöpfe mit Substrat füllen, einen Absenker auswählen und vorsichtig in der Mitte eines Topfs platzieren, ohne ihn vom Ausläufer zu trennen. Erde um den Absenker andrücken. Alle übrigen Absenker ebenso in Töpfe stecken.

**3.** Jeden Absenker mit einem kleinen Stein auf dem Ausläufer direkt neben dem Absenker beschweren, damit er auf der Erde fixiert wird und leichter Wurzeln bildet. Möglich ist auch, Ausläufer und Absenker mit einem gebogenen Draht auf der Erde festzustecken. Mitunter bildet ein Absenker selbst noch einen Ausläufer, den Sie dann allerdings abschneiden sollten.

**4.** Wenn die Töpfe mit den Absenkern auf einer Grasfläche stehen, legen Sie ein Stück Karton darunter, damit kein Unkraut um sie herum sprießt. Absenker wässern, obwohl sie in diesem Stadium nicht viel Feuchtigkeit brauchen, da sie noch von der Mutterpflanze über die Ausläufer mit Wasser und Nährstoffen versorgt werden.

**5.** Absenker noch einige Monate mit der Mutterpflanze verbunden lassen, dann abschneiden. Erdbeeren sind winterhart und können im Winter draußen bleiben. Im Frühjahr treiben die Pflanzen neu aus. Man kann sie nun an ihren endgültigen Standort setzen oder im Topf lassen und tauschen.

ERDBEEREN SCHMECKEN NICHT NUR HIMMLISCH, SIE SIND AUCH SO LEICHT ZU VERMEHREN WIE KEINE ANDERE PFLANZE IN DIESEM BUCH.

4

5

# BEERENSTRÄUCHER

Als ich mit dem Anbau von Beeren begann und merkte, wie leicht ich meinen Bestand erweitern konnte, hat mir ihre Kultur gleich noch viel mehr Spaß gemacht. Die Sträucher brauchen wenig Pflege, tragen aber Jahr für Jahr verlässlich.

Damit Beerensträucher optimal tragen, werden sie direkt ins Freiland gepflanzt. Sie wachsen allerdings auch in großen Pflanzkübeln mit gutem Substrat und sogar in hohen Hochbeeten. Weil sie sehr leicht zu vermehren sind, sollte man sie problemlos auf Pflanzentauschbörsen bekommen. Sobald Sie ein paar gut eingewachsene Exemplare herangezogen haben, können Sie sich selbst ans Vermehren machen. Beerensträucher werden erst umgepflanzt, wenn sie ihr Laub verloren haben und sich zwischen November und März in der Vegetationsruhe befinden. Man setzt sie mit mindestens 1,2–1,5 m Abstand zueinander. Sie mögen es sonnig, doch Johannisbeeren tragen auch im Halbschatten ganz ordentlich.

## SCHWARZE JOHANNISBEEREN

Schwarze Johannisbeeren liefern verlässlich Früchte und scheinen im Vergleich zu anderem Beerenobst seltener von Schädlingen befallen zu werden. Ihre engen Verwandten, die Jostabeeren, sind eine Kreuzung aus Schwarzer Johannisbeere sowie zwei Stachelbeerarten und größenmäßig zwischen Schwarzer Johannisbeere und Stachelbeere angesiedelt, schlagen geschmacklich aber nach Ersterer.

Nachfolgend erfahren Sie alles Wichtige über die Kultur von Schwarzen Johannisbeeren. Jostabeeren werden ähnlich behandelt. Pflegt man sie gut, können beide ein Alter von mehr als 20 Jahren erreichen.

1

2

3

**PFLANZEN**
Schwarze Johannisbeeren bilden am Ansatz viele neue Triebe. Sie ähneln Sträuchern, die man auf den Stock gesetzt, also bis zum Boden zurückgeschnitten hat, damit sie neu austreiben. Um Jungpflanzen zur Bildung vieler solcher Triebe anzuregen, werden sie sehr tief gesetzt, sodass sich ihr Wurzelhals ein gutes Stück unter Bodenniveau befindet. Das Umpflanzen erfolgt während der Vegetationsruhe.

**1.** Ein Loch graben, das zweimal so groß wie der Wurzelballen des Strauchs ist. Ballen in das Loch stellen. Die Verzweigungsstelle der Äste am Stamm sollte mindestens 2–3 cm unterhalb des Bodenniveaus sitzen. Wenn nicht, hebt man das Loch tiefer aus.

**2.** Sitzt der Ballen in der korrekten Tiefe, wird er noch einmal aus dem Loch genommen. Dann zwei große Handvoll Komposterde oder gut verrotteten Stallmist in das Loch werfen und kräftig wässern.

**3.** Pflanze wieder in das Loch setzen, Tiefe prüfen und Aushub um den Wurzelballen herum einfüllen.

**4.** Nach dem Auffüllen des Pflanzlochs nur noch wässern, wenn der Boden trocken ist. Ich trete die Erde um die Pflanze gerne mit den Füßen fest.

**5.** Kartonpapier als Mulch um die Strauchbasis auslegen und mit Steinen oder Hackschnitzeln beschweren, damit Unkräuter nicht mit den Trieben konkurrieren, wenn sie erscheinen.

**6.** Zum Schluss sämtliche Triebe auf 2–3 cm über dem Boden zurückschneiden, um den Strauch im Frühjahr zu neuem Wachstum anzuregen.

**KULTUR**
Gras und Unkraut zupft man sofort aus, wenn es neben den Trieben erscheint. Hat sich der Mulch um den Ansatz zersetzt, wird er mit zerrissenem Zeitungspapier oder Karton erneuert. Er sollte den Boden in einem Umkreis von 30 cm um den Ansatz bedecken. Eine Schicht Holzasche im zeitigen Frühjahr verbessert die Beerenqualität. Jedes zweite Frühjahr verwöhne ich die Sträucher außerdem mit einer 3–5 cm dicken Schicht Komposterde, damit sie kräftig wachsen.

4

5

6

**Schnitt**
Schwarze Johannisbeeren werden jedes Jahr geschnitten. Das geht ganz einfach und sorgt dafür, dass auch ältere Pflanzen noch gut tragen. Im Winter wird ein Drittel der ältesten (= dicksten) Triebe bis zum Boden zurückgeschnitten. Auch verletzte und horizontal wachsende Triebe müssen heraus, außerdem überkreuzte, wobei man von den zwei überkreuzten nur den älteren bis zum Ansatz zurücknimmt. Ein radikaler Schnitt des ganzen Strauchs ist jedoch nicht ratsam: Zwei Drittel der alten Triebe sollten bleiben!

### VERMEHRUNG

Setzt man die Steckhölzer von Schwarzen Johannisbeeren in Töpfe oder ins Freiland, ist mit einer Erfolgsrate von 90 bis 95 Prozent zu rechnen. Ein ideales Steckholz ist der Schnittabfall: Er liefert gut und gern das Material für 20 bis 30 neue Pflanzen.

- Nach dem Schneiden des Strauchs die abgeschnittenen Triebe in rund 25 cm lange Teilstücke schneiden. Darauf achten, dass am Ende jedes Steckholzes eine Knospe sitzt. Über der Knospe einen schrägen Schnitt so ansetzen, dass die Schnittfläche von der Knospe weg zeigt, damit Regen abläuft.
- Steckhölzer im Abstand von jeweils 7–10 cm rund 15 cm tief in mit Erde gefüllte Töpfe oder Hochbeete setzen.
- Steckhölzer ein ganzes Jahr wachsen lassen und die Erde in dieser Zeit stets unkrautfrei halten.
- Im Herbst des kommenden Jahres sollten sie gut eingewurzelt sein und frische Triebe angesetzt haben. Nach dem Laubfall hebeln Sie die Pflänzchen mit einer Grabegabel aus der Erde. Gemäß der Schritt-für-Schritt-Anleitung auf Seite 110–111 entweder im Abstand von 30 cm ins Freiland oder einzeln in große Gefäße setzen. Alle Triebe bis 2–3 cm über dem Boden zurückschneiden. Überschüssige Exemplare sind als wurzelnackte Sträucher eine gute Tauschware auf Börsen.

## ROTE UND WEISSE JOHANNISBEEREN, STACHELBEEREN

Rote und Weiße Johannisbeeren ähneln stark den Schwarzen Johannisbeeren, werden aber so kultiviert wie Stachelbeeren, weshalb ich sie zu einer Gruppe zusammengefasst habe. Während Schwarze Johannisbeeren viele Triebe bilden, werden Stachelbeeren sowie Rote und Weiße Johannisbeeren am besten als Stamm mit verzweigten Ästen gezogen. Eine Warnung: Johannisbeeren und Stachelbeeren gedeihen in Gegenden mit heißen Sommern nicht gut.

### PFLANZEN

Pflanzen Sie die Sträucher am besten im Spätwinter und zeitigen Frühjahr, solange sie sich noch im Winterschlaf befinden. Dabei geht man genauso vor wie bei Schwarzen Johannisbeeren (siehe Seite 111). Allerdings muss ihr unterster Stammabschnitt zwischen Bodenniveau und dem Punkt, an dem die Verzweigung beginnt, auf mindestens 5–7 cm Länge unbeastet sein. Außerdem setzt man ihre Stöcke im Gegensatz zu Schwarzen Johannisbeeren immer genauso tief, wie sie vorher standen – man erkennt das an der Stelle, an der der Stamm von dunkler Farbe (dem unterirdischen Teil) zu heller Farbe (dem oberirdischen Teil) wechselt. Das Bodenniveau muss sich genau an diesem Punkt befinden. Hat eine Pflanze mehrere Haupttriebe, werden sie alle bis auf 15 cm zurückgeschnitten.

**Die reifen Beeren** sitzen wie Edelsteine an den Zweigen. Schwarze Johannisbeeren (*oben links*) werden anders gezogen als Rote Johannisbeeren (*oben rechts*), Weiße Johannisbeeren (*unten links*) und Stachelbeeren (*unten rechts*).

## KULTUR

Mulchen Sie im zeitigen Frühjahr sämtliche mehrjährigen Obststräucher mit einer dicken Schicht kaliumreicher Holzasche (aus einem offenen Kamin oder Lagerfeuer), um den Ertrag zu steigern.

Gras und Unkräuter um die einstämmigen Büsche herum zu jäten ist leichter, als vielstämmige Schwarze Johannisbeeren frei zu halten. Gut gelingt das Unterdrücken unerwünschter Vegetation auch mit einem Mulch aus Hackschnitzeln oder Komposterde.

Vögel und insbesondere Amseln mögen Rote Johannisbeeren lieber als reife Schwarze Johannisbeeren. Deshalb ernte ich sie, sobald sie rot werden, lasse aber ein paar für die Vögel hängen. Wenn die Tiere zu viel Schaden anrichten, können Sie sie mit ein paar Tricks fernhalten (siehe Seite 164).

### Schneiden

Im Winter befreit man ältere Pflanzen von totem, absterbendem und verletztem Holz und kürzt frische, weiche Triebe, erkennbar an der grünlichen Spitze, um die Hälfte ein. Zurückgeschnitten wird stets bis auf eine nach außen zeigende Knospe. Damit eine Becherform entsteht und Luft gut zirkulieren kann, entfernt man auch nach innen wachsende Triebe.

**Mulchen Sie** Ihre Johannisbeer- und Stachelbeerbüsche jedes Frühjahr mit einer Lage Komposterde oder Hackschnitzel.

DER SCHNITTABFALL VON BEERENSTRÄUCHERN LÄSST SICH ZU STECKHÖLZERN UMFUNKTIONIEREN. SO WIRD NICHTS VERSCHWENDET.

### HEIDELBEEREN UND HIMBEEREN

Wenn Sie Ihren Kompost aus vielen unterschiedlichen Abfällen ansetzen, wie ich es empfehle, bekommen Sie Komposterde mit neutralem pH-Wert. Die eignet sich für alle in diesem Buch aufgeführten Nutzpflanzen, nicht jedoch für Heidelbeeren, die saures Substrat brauchen. Saure Erde für eine einzige Pflanze anzusetzen lohnt sich allerdings nicht, weshalb ich Heidelbeeren hier außen vor lasse. Auch Himbeeren sind nicht mit von der Partie, denn sie brauchen im Verhältnis zur Menge der Beeren, die man ernten kann, sehr viel Platz und fruchten auch nicht so verlässlich wie andere Beerensträucher.

1

2

3

4

**VERMEHRUNG**

Rote und Weiße Johannisbeeren sowie Stachelbeeren lassen sich ähnlich wie Schwarze Johannisbeeren vermehren. Man braucht dazu nur den Schnittabfall, der beim Stutzen der jungen Triebe im Winter anfällt.

**1.** Abgeschnittene Triebe mit einer Länge von 25–30 cm und einer Knospe an der Spitze beiseitelegen.

**2.** Alle Knospen mit Ausnahme der obersten drei oder vier mit den Fingern wegreiben.

**3.** Die Steckhölzer etwa 10 cm tief mit 7–10 cm Abstand in den Boden oder in Töpfe mit Erde stecken. Zwischen unterster Knospe und Substrat sollte ein Abstand von mindestens 5–7 cm bleiben, damit sich ein Strauch mit Stamm entwickelt.

**4.** Die Steckhölzer bis Herbstende, also fast ein ganzes Jahr, im Boden lassen. Zwischenzeitlich immer einmal wieder Unkraut auszupfen. Dann die Pflänzchen aufnehmen und an ihren endgültigen Standort oder in einen großen Kübel mit Pflanzerde umsiedeln, aber immer genauso tief setzen, wie sie vorher gewachsen sind.

# EINJÄHRIGE

EINJÄHRIGES GEMÜSE MUSS ZWAR JEDES JAHR NEU ANGESÄT WERDEN, DOCH IN PUNCTO VIELFALT, ERTRAG UND GESCHMACK IST ES NICHT ZU TOPPEN.

# AUSSÄEN

Auf den nächsten Seiten erfahren Sie, wie Sie einjährige Nutzpflanzen mit Erfolg anbauen. An erster Stelle steht die Aussaat – sie ist einfach, aber wichtig, gerade bei den Pflanzen, die jedes Jahr aufs Neue ins Leben starten.

Gartengemüse gehört überwiegend zur Kategorie der Einjährigen. »Einjährig« heißt, dass man das Gemüse jedes Jahr neu ansäen muss. Dabei ist einiges zu beachten – was, das erfahren Sie weiter unten. Ausführlichere Infos gibt es in den Kapiteln zu den einzelnen Gemüsesorten (siehe Seite 130–155).

## HALTBARKEIT VON SAATGUT

Der Vorteil von Einjährigen: Sie liefern Unmengen von Samen, weshalb sie problemlos zu bekommen sind. Mit externem Saatgut lässt sich die Zeit, bis man selbst welches sammeln kann, gut überbrücken. Ob Saatgut noch keimfähig ist, findet man mit einem einfachen Test heraus (siehe Seite 83). Zwischen den Samen einzelner Gemüsesorten gibt es beträchtliche Unterschiede, ja, selbst von einem Anbieter zum anderen variiert die Lebensdauer. Wenn Sie Saatgut noch während der Mindesthaltbarkeit aussäen, haben Sie eine hohe Keimrate. Danach sinkt der Anteil der Samen, die noch austreiben, unweigerlich, bis sie irgendwann komplett unbrauchbar sind. Am längsten halten selbst gesammelte Samen, wenn man sie an einem kühlen Platz in einem Papierkuvert aufbewahrt.

## WANN AUSSÄEN?

Oft heißt es, dass man bestimmte Gemüsesorten zu einer bestimmten Jahreszeit aussäen soll, damit der Ertrag möglichst hoch ausfällt. Der optimale Zeitpunkt ist auf den Samenpäckchen angegeben, doch muss man ihn nicht sklavisch einhalten. Gewiss gibt es Gemüse, das am besten zu einem bestimmten Zeitpunkt ausgesät wird, etwa Pastinaken in der ersten Frühjahrshälfte. Anderes aber kann man getrost früher als angegeben drinnen oder unter Glas aussäen, ja, sogar später, wenn man die Ernte etwas hinauszögern möchte. Wann der optimale Zeitpunkt für die Aussaat ist, erfahren Sie in den einzelnen Kapiteln.

## AUSSAATTIEFE

Sie müssen beim Aussäen kein Maßband dabeihaben. Samen keimen selbst dann, wenn man sie etwas zu tief oder zu flach aussät.

## TOPFPLATTEN ODER DIREKTAUSSAAT?

Einjährige können in kleine Töpfe oder Topfplatten (auch improvisierte Versionen tun ihren Dienst) und direkt ins Freiland gesät werden. Saatgut in Topfplatten lässt sich drinnen vorzeitig aussäen. Drücken Sie mit dem Finger Löcher in das Substrat, streuen Sie die Samen hinein und füllen Sie die Löcher mit Erde. Nun kommt die Topfplatte auf eine Fensterbank, wo sie vor Schädlingen und Kälte geschützt ist. Sobald die Sämlinge groß genug sind, setzt man sie ins Freiland. Die Direktaussaat ist Samen vorbehalten, denen Kälte nichts ausmacht oder ein Umpflanzen nicht behagt.

Bei der Direktaussaat im Freien drückt man mit einem Bambusstab (siehe Seite 46) eine flache Rille in das Beet oder zieht sie mit dem oberen Ende eines Rechenstiels (als Orientierung können Sie eine Schnur zwischen zwei Pflöcke spannen). Dann werden die Samen in die Rille gestreut und mit Erde bedeckt.

## SAATERDE

Mischen Sie 70–80 Prozent lockere Gartenerde mit selbst gemachter Komposterde. Wenn Ihre Gartenerde sehr lehmig ist, können Sie auch etwas Sand untermischen. Brocken, die größer sind als ein Fingernagel, herauslesen. Das Sieben von Erde für winzige Samen (z. B. für Kopfsalat) halte ich für unnötig. Denken Sie an die Natur: Dort fallen sie auch nicht auf einen perfekten feinkrümeligen Teppich.

**Säen Sie direkt** in flache Saatrillen, die ich hier mit einem Rechenstiel und einer Schnur gezogen habe (*oben*), in Topfplatten (*unten links*) oder in improvisierte Töpfe wie diese Kartonrollen (*unten rechts*).

# WÄSSERN

Einjährige legen anfangs ordentlich zu und brauchen in dieser Zeit jede Menge Wasser. Zu viel Nässe ist aber auch nicht gut. Wenn man weiß, wie und wann zu gießen ist, verhilft man seinen Kulturen zu einem optimalen Start ins Leben.

Die beste Keimrate hat Saatgut in feuchtem Substrat. Bei Aussaat in Töpfen, Topfplatten, Saatschalen und Rillen stecke ich den Finger 1 cm tief in die Erde. Fühlt sie sich trocken an, wässere ich mit einer kleinen Gießkanne oder Flasche mit feiner Brause. An warmen, sonnigen Tagen muss eventuell sogar täglich gewässert werden, an verhangenen Tagen reicht es, wenn man alle drei Tage gießt. Eimer, Töpfe und Reifen trocknen schneller aus als Hochbeete. Sie werden bei ausbleibendem Regen daher als Erste gewässert.

## SÄMLINGE

Sämlinge reagieren sehr empfindlich auf ein Austrocknen der Erde, denn sie haben noch kein gut entwickeltes Wurzelsystem, das Flüssigkeit aus tieferen Schichten holen kann. Am wichtigsten ist die erste Woche. In dieser Zeit sollte man bei heißem, trockenem Wetter mindestens einmal am Tag reichlich wässern. Sind die Pflänzchen größer, darf es auch weniger sein. Gewässert wird am besten, wenn die Erde bis in eine Tiefe von 1 cm ausgetrocknet ist. Sind die Sämlinge bereits welk, verzweifeln Sie nicht: Gießen Sie gut, dann erholen sie sich meistens schnell wieder.

## FRISCH UMGEPFLANZT

Frisch in Gefäße oder Beete umgesetzte Pflänzchen sollten so bald wie möglich gewässert werden, damit ihr Wurzelsystem wächst und weit ausgreift. Ich versuche meine Setzlinge kurz vor kräftigen Regengüssen auszupflanzen, um Wasser zu sparen.

## JUNG UND ALT

Sobald die Pflänzchen fünf oder sechs echte Blätter haben (und damit auch ein gutes Wurzelsystem), kann man das Gießen drosseln. Gemüse in Hochbeeten oder sehr großen Gefäßen kommt meist mit zwei Wassergaben pro Woche aus. Hat es zuvor ausreichend geregnet, müssen ältere Pflanzen manchmal einen ganzen Monat lang nicht gewässert werden. In meiner Gegend gab es im Frühjahr und Sommer 2018 eine längere Trockenperiode, doch meine älteren Gewächse hielten zwei Monate ohne Wasser durch. Sie überlebten nicht nur gerade so, sondern lieferten ordentliche Erträge. Ein paar Tipps zur Strategie bei Trockenheit finden Sie auf Seite 27.

## DIE IDEALE TAGESZEIT

Im Sommer gießen Sie am besten noch vor 10 Uhr morgens, dann kann die Feuchtigkeit noch rechtzeitig in die tieferen Schichten sickern. Mittags dagegen verdunstet sie in der Sonne, bevor sie die Wurzeln erreicht. Zudem verhalten sich Tropfen auf dem Laub wie Brenngläser und versengen es. Das Wässern am Abend wiederum ruft Schnecken auf den Plan.

## UMFALLKRANKHEIT

Diese Pilzinfektion lässt Sämlinge umfallen und welken. Am meisten betroffen sind Kulturen unter Glas. Die Ursachen sind schlechte Luftzirkulation, zu starkes Wässern und zu dichte Aussaat – alles vermeidbare Fehler. Mit folgenden drei Schritten verhindere ich, dass die Umfallkrankheit meine Sämlinge dezimiert:

- Dünn aussäen, um zu dichten Wuchs zu vermeiden, und Kulturen in die Sonne neben einer Tür oder einem Fenster stellen, damit frische Luft zirkuliert.
- Etwas Abstand zwischen Töpfen und Saatschalen lassen, sodass Luft zirkulieren kann und die Luftfeuchtigkeit zwischen den Sämlingen gering bleibt.
- Erst wässern, wenn die Erde bis in 1 cm Tiefe austrocknet. Ein zu stark wassergesättigtes Substrat und hohe Luftfeuchtigkeit begünstigen die Krankheit.

**Mit meiner improvisierten Gießkanne** (siehe Seite 48–49) wässere ich die standfesteren Pflanzen.

# UMPFLANZEN

**Irgendwann müssen Sämlinge oder Jungpflanzen von ihrem vorübergehenden an ihren endgültigen Standort umziehen. Dabei gibt es einiges zu beachten, vor allem wenn man in seinem Garten so viel wie möglich unterbringen möchte.**

Das Umpflanzen ist ganz einfach, solange man mit den Sämlingen und Setzlingen pfleglich umgeht und sie gut wässert. Hier die drei Hauptetappen:

- **Vereinzeln:** Damit ist das Umpflanzen von Sämlingen aus Saatschalen in Einzeltöpfe gemeint. Beispiel: Kopfsalat.
- **Umpflanzen:** Das Umsetzen eines Setzlings mit einem gesunden Wurzelballen, der in Erde steckt, an seinen endgültigen Standort im Freiland. Beispiel: Bohnen.
- **Aufnehmen:** Ein Setzling wird ohne Wurzelballen aus seinem Saatbeet genommen und an seinen endgültigen Standort gepflanzt. Beispiel: Lauch.

**ABHÄRTEN**

Nicht winterhartem Gemüse, das drinnen vorgezogen wurde, tut ein Abhärten vor dem Auspflanzen gut. Man stellt die Pflanzen drei, vier aufeinanderfolgende Tage lang tagsüber nach draußen und bringt sie abends wieder nach drinnen. So gewöhnen sie sich an die schwankenden Bedingungen im Freiland. Es heißt zwar, das plötzliche Auspflanzen sei ein Schock für sämtliche Pflanzen, aber ich finde, dass das zeitraubende Abhärten nur bei empfindlichen Arten wie Busch- und Stangenbohnen oder Kürbissen nötig ist. Weil Setzlinge Wärme brauchen, um einzuwachsen, sollte man den Wetterbericht verfolgen. Ist kühle, nasse Witterung vorausgesagt, warten Sie mit dem Auspflanzen lieber noch.

1

2

3

## AUSPFLANZEN

In größere Pflanzgefäße und Freilandbeete ausgepflanzt werden zumeist Setzlinge aus Töpfen und Saatschalen. Damit das problemlos gelingt, sollten Sie wie folgt vorgehen.

**1.** Setzlinge stets gut wässern. Ihren endgültigen Standort auswählen und mit den Fingern kleine Markierungen in die Erde drücken.

**2.** Bei Verwendung biologisch abbaubarer Töpfe diesen Schritt überspringen. Ansonsten Finger über den Wurzelballen legen, Topf umdrehen und Ballen aus dem Topf klopfen.

**3.** Pflanze (oder den abbaubaren Topf mit der Pflanze darin) in einer Hand halten und mit der anderen oder einer Handschaufel ein Pflanzloch ausheben, das etwa so groß wie der Ballen ist.

**4.** Pflanze (oder Topf) in das Loch setzen und mit der Hand Erde um den Ballen füllen. Leicht andrücken.

**5.** Die übrigen Setzlinge ebenso auspflanzen und anschließend gut wässern.

### EINWACHSEN

Manchmal sehen Setzlinge in ihrer neuen Heimat anfangs etwas unglücklich aus. Nur Geduld – sie arbeiten daran, neue Wurzeln zu bilden, und brauchen etwa eine Woche, bis sie eingewachsen sind und Energie für neues Wachsen geschöpft haben. In dieser Zeit sollten Sie spätestens drei Tage nach dem Umpflanzen gießen, sofern es nicht kräftig regnet.

Besonders empfindlich nach dem Auspflanzen sind Gewächse ohne gut entwickelten Wurzelballen, etwa Kohlgewächse und Lauch, weil sie einen Teil ihrer Wurzeln beim Aufnehmen verlieren. Wässert man sie aber gut, erholen sie sich wieder.

### SETZLINGE SCHÜTZEN

Nach dem Auspflanzen droht Setzlingen Unbill durch nicht den Jahreszeiten entsprechende Temperaturwechsel und marodierende Schädlinge wie Schnecken. Halten Sie eine alte Decke bereit, mit der Sie die Pflänzchen bei Temperaturstürzen abdecken können (siehe meine Vier-Grad-Regel von Seite 24). Sinnvoll sind ferner Barrieren gegen Schnecken, die verhindern, dass die jungen Pflanzen über Nacht komplett kahlgefressen werden (siehe Seite 160–163).

4

5

# JÄTEN

Unkraut ist die Strategie der Natur, nackte Erde zu besiedeln. Leider schrecken die hartnäckigen Gewächse auch nicht vor sorgfältig bearbeitetem Boden zurück. Hier ein paar bewährte Gegenmaßnahmen.

Unkraut setzt sich sehr schnell fest, deshalb ist das beste Gegenmittel, es auszuzupfen, sobald es sich zeigt. Je länger man es wachsen lässt, desto kräftiger breitet sich sein Wurzelsystem aus und desto schwerer wird man es wieder los. Entscheidend ist vor allem, es auszumerzen, bevor es sich aussät und im Garten ausbreitet. Ich nehme mir jede Woche Zeit für einen kurzen Patrouillengang durch den Garten und entferne frisches Unkraut. Dabei darf der Boden nicht unnötig umgegraben, geharkt oder sonst wie aufgebrochen werden, denn das befördert lebensfähige Samen an die Oberfläche, wo sie keimen.

### VERDRÄNGUNGSWETTBEWERB

Mit am wirksamsten vernichtet man Unkraut durch dichtes Bepflanzen des Bodens. Größeres Gemüse wirft viel Schatten, was den ungebetenen Gästen gar nicht behagt und ihre Keimrate senkt sowie bereits ausgetriebene Unkräuter schwächt.

Bepflanzungsstrategien wie die Mischkultur (siehe Seite 20) unterdrücken Unkraut ebenfalls, denn sie füllen Lücken zwischen Pflanzen und optimieren zugleich die Produktivität des Beets. Ich setze beispielsweise gerne Radieschen zwischen Zwiebeln und bekomme so zweimal Gemüse aus ein und demselben Beet.

Eine weitere Möglichkeit, Unkraut in seine Schranken zu weisen, sind Folgesaaten (siehe Seite 42), denn auch damit nutzt man den verfügbaren Platz so gut wie möglich aus. Nacktes Erdreich über längere Zeit unbepflanzt zu lassen ist dagegen eine Extraeinladung für unerwünschte Pflanzen, sich niederzulassen.

### TIPP

***Jäten Sie an einem sonnigen Morgen und lassen Sie die ausgezupften Unkräuter auf der Erde liegen, damit sie sich zersetzen. So werden ihre Nährstoffe wieder dem Erdreich zugeführt.***

### DEN BODEN ABDECKEN

Durch Mulchen nackter Erde kann man Unkraut daran hindern, sich auf ihr breitzumachen. Schafft es doch einmal ein ungebetenes Pflänzchen, die Schicht zu durchdringen, ist es schnell ausgezupft. Komposterde als Mulch reichert den Boden überdies mit Nährstoffen an. Nicht genutzte Flächen lassen sich mit ein paar Lagen Karton oder Zeitungspapier, die man mit Steinen beschwert, abdecken. Ein Nachteil dieser Methode: Man schafft darunter einen Lebensraum für Schnecken. Doch auch dagegen gibt es ein Mittel – eine Schneckenfalle aus Karton (siehe Seite 162), sodass Sie Schnecken und Unkraut gleichzeitig im Zaum halten können. Unkraut wächst übrigens auch an wärmeren Wintertagen, weshalb man nackte Erde selbst zu dieser Zeit abgedeckt lassen sollte.

### UNKRÄUTER ENTSORGEN

Lässt man gejätetes Unkraut in der prallen Sonne liegen, richtet es keinen Schaden mehr an. Bei kühlerer Witterung dagegen wirft man ausgezupfte Pflanzen, die noch nicht geblüht haben, auf den Komposter. Nie kompostieren sollte man jedoch blühendes oder samentragendes Unkraut, denn beim Verteilen der Komposterde im Garten breitet man damit gleichzeitig die noch darin enthaltenen Samen aus.

**Unkraut wird gejätet,** sobald es zu sehen ist (*oben links*). Damit es gar nicht erst so weit kommt, bepflanzt man die Beete entweder so dicht, dass es kein Licht bekommt (*oben rechts*), oder unterdrückt es mit Karton (*unten links*).

## ESSBARES UNKRAUT

Löwenzahn (*siehe oben*), Vogelmiere und Brennnesseln sind kostenlos verfügbares Wildgemüse, können aber ein Beet schnell völlig in Beschlag nehmen, wenn man es ungehindert wachsen lässt. Wer Platz hat, reserviert ihm einen Platz, wo es sich selbst überlassen und bei Bedarf geerntet werden kann. Brennnesseln locken zudem Insekten an und Vögel, die sich gern einen sechsbeinigen Leckerbissen gönnen.

# ERNTEN UND EINLAGERN

Sich selbst zu versorgen, lässt sich mit einem Gemüsestand vergleichen, an dem man sich 365 Tage im Jahr frei bedienen kann. Die komfortable Situation immer etwas Erntereifes im Garten zu haben, egal zu welcher Saison, motiviert ungemein, ganz abgesehen davon, dass es ungeheuer stolz macht.

Wer gerade erst ins Abenteuer Eigenanbau aufgebrochen ist, braucht Geduld: Es dauert seine Zeit, bis aus Pflänzchen Nutzpflanzen werden. Sobald man aber das erste Gemüse oder Obst auf dem Tisch hat, weiß man, dass sich das Warten gelohnt hat. Die meisten Gartenbesitzer ernten so viel, dass sie es gar nicht selbst verwerten können – warum nicht etwas Freunden oder Nachbarn geben und sie damit vielleicht sogar zur Nutzpflanzenkultur animieren?

## DAS ERNTEJAHR

Im Frühjahr gibt es in der Regel nicht allzu viel zum Ernten. Manches, was den Winter über draußen geblieben ist, treibt neu aus, etwa Mangold. Das erste gepflanzte Gemüse der Saison zeigt sich zur Frühjahrsmitte hin. Dazu zählen Radieschen, Blattsalate und Spinat.

Die Haupterntezeit ist der Sommer. Nun wird das Gros des Gemüses reif: Erbsen und Bohnen, Wurzelgemüse, Zucchini, Blattsalate, Tomaten, Paprika, Knoblauch und Zwiebeln.

Üppig geht es weiter bis zum Spätherbst, wenn Wintergemüse wie Steckrüben und Lauch ihren Auftritt haben.

Bis Halloween sollten alle Kürbisse eingefahren sein. Mit dem Ernten von Pastinaken – mein Lieblingsgemüse! – wartet man allerdings noch bis nach dem ersten Frost.

Im Winter wird das Angebot knapp, aber Steckrüben, Lauch und Grünkohl kann man nach wie vor frisch aus dem Garten auf den Tisch bringen.

## FÜR DIE GEMÜSEARME ZEIT PLANEN

In der Zeit zwischen März und Juni gibt es nicht viel zu holen, denn das Wintergemüse ist geerntet und der Nachschub ist noch nicht so weit. Heben Sie etwas für diese karge Zeit auf. Lässt man Stiel- und Blattmangold den Winter über im Beet, reagiert er mit köstlichen frischen Blättern, sobald es wärmer wird.

## EINLAGERN

Gemüse schmeckt am besten, wenn man es frisch nach der Ernte genießt. Die meisten Sorten halten in einem luftdicht verschlossenen Gefäß ein paar Tage im Kühlschrank, doch gibt es noch andere Möglichkeiten, es zu lagern:

- **Gemüse im Freiland zu lassen** ist mitunter die beste Möglichkeit, den Geschmack zu bewahren. Dafür eignen sich winterharte Arten wie Grünkohl, Pastinaken und Steckrüben. Auch Möhren und Rote Bete kann man bis zum ersten Frost im Boden lassen – oder sogar noch etwas länger, wenn man sie mit einer Mulchdecke gut wärmt.
- **Blanchieren und Einfrieren** bietet sich bei Rosenkohl, Erbsen und Stielmangold an, wenn man es nicht mehr schafft, alles aufzuessen, solange es frisch ist. Beim Blanchieren wird das Gemüse ein paar Minuten in kochendes Wasser gegeben und anschließend mit eiskaltem Wasser abgeschreckt. Abtropfen und trocknen lassen, dann einfrieren.
- **Trocknen kann man** Kartoffeln, Kichererbsen, Zwiebeln und Knoblauch. Wie man die verschiedenen Gemüsearten haltbar macht, erfahren Sie in den jeweiligen Kapiteln.

**Nichts geht über die Freude,** mit Kisten voll Obst und Gemüse aus dem Garten in die Küche zu kommen.

**TIPP**

*Fehlschläge sind möglich, egal wie viel Erfahrung Sie haben. Aber im nächsten Jahr bekommen Sie immer die Gelegenheit, es besser zu machen. Lernen Sie aus Fehlern und genießen Sie Ihre Erfolge.*

## TIPP

*Vermeiden Sie es, Samen von Pflanzen zu nehmen, die geschossen sind, also vorzeitig geblüht und Samen angesetzt haben. Aus ihnen bilden sich Pflanzen, die ebenfalls zum Schossen neigen.*

# SAATGUT SELBST SAMMELN

Wer kostenlos Gemüse anbauen möchte, hat gleich zwei Gründe, Samen selbst zu sammeln: Erstens spart man sich damit den Kauf von Saatgut, und zweitens kann man sein Saatgut auf Börsen kostenlos gegen andere Sorten eintauschen.

Samen sind jene Pflanzenteile, die Nachkommen hervorbringen. Der Einfachheit halber zähle ich auch Knoblauchzehen und Knollen (Saatkartoffeln) dazu. Manche Einjährige bilden in dem Jahr Blüten und Samen, in dem sie ausgesät wurden. Andere Gemüse, die wir normal als Einjährige kultivieren, etwa Rote Bete, setzen erst im zweiten Jahr Samen an. Ich sammle Saatgut von:

- allen Bohnen und Erbsen
- Radieschen
- Kartoffeln
- Oca
- Kopfsalat
- Spinat
- Tomaten
- Paprika
- Knoblauch

Infos über die richtige Aussaat finden Sie in den jeweiligen Abschnitten zu den einzelnen Pflanzen auf den nächsten Seiten. Ernten Sie Samen nur von den besten Exemplaren; das erhöht die Chance auf hochwertigen Nachwuchs.

### SAMENECHT

Viele Gemüsepflanzen, etwa Möhren und Grünkohl, werden durch ihresgleichen im Garten und von außerhalb fremdbestäubt. Das heißt, dass man sich der Qualität ihrer Samen nie sicher sein kann, da sie Genmaterial unbestimmter Herkunft enthalten. Aus diesem Grund gebe ich keine Empfehlungen dazu, Samen von diesen Pflanzenarten zu ernten.

Tomaten, Bohnen, Erbsen und andere Gemüsepflanzen sind vorwiegend selbstbestäubend. Aus ihren Samen gewonnene Pflanzen sind fast immer mit der Mutterpflanze identisch. Eine geringe Gefahr von Fremdbestäubung existiert zwar, doch dieses Risiko ist meiner Ansicht nach überschaubar.

Hybridzüchtungen, etwa als F1 etikettierte Sorten, sind das Ergebnis einer bewussten Fremdbestäubung zwischen zwei Pflanzen. Samen von F1-Sorten liefern deshalb keine einheitlichen Nachkommen. Wenn Sie also Saatgut sammeln wollen, sollten Sie nur Samen von Sorten nehmen, die als samenecht, samenfest, sortenrein oder nachbaufähig etikettiert werden.

### LAGERN

Samen müssen getrocknet werden, am besten auf Zeitungs- oder Backpapier an einem trockenen und warmen, eher schattigen Ort. Nach dem Trocknen füllt man sie in alte Briefumschläge oder luftdicht verschließbare Gläser. Beschriften Sie Saatgutbehälter stets gut, denn viele Samen lassen sich kaum unterscheiden. In durchsichtigen Behältern lagert man sie am besten in Schubladen oder Schränken im Dunkeln. Wenn man sie in undurchsichtige Umschläge oder Dosen steckt, kann man sie auch im Kühlschrank deponieren. Schreiben Sie das Datum, an dem Sie das jeweilige Saatgut gesammelt haben, auf den Umschlag, um zu prüfen, wie lange es durchschnittlich keimfähig bleibt.

Verlieren die aus Ihren aufbewahrten Samen gezogenen Pflanzen an Wuchskraft und liefern geringe Erträge, ist es Zeit, frisches Material zu verwenden. Auf Tauschbörsen bekommt man Samen kostenlos.

**Ich sammle Samen** von unterschiedlichsten Pflanzen, etwa von Bohnen, Knoblauch, Erbsen, Tomaten, Kopfsalat und Radieschen.

# ERBSEN UND BOHNEN

Hülsenfrüchte können im Freiland, in Hochbeeten oder in großen Pflanzgefäßen kultiviert werden. Die höheren Vertreter, Erbsen und Stangenbohnen etwa, lassen sich auf engstem Raum anbauen - ein Riesenvorteil, wenn man wenig Platz hat.

Bohnen und Erbsen sind weniger anfällig für Schädlinge und Krankheiten als andere Gemüsepflanzen, vor allem wenn man sie drinnen ansät, wo sie vor Kälte geschützt heranwachsen können. Sind sie zum Saisonende abgeerntet, schneidet man sie bis auf den Boden zurück, lässt aber die Wurzeln im Boden, denn sie reichern ihn mit Stickstoff an und düngen ihn so.

## a. FEUERBOHNEN (& ANDERE STANGENBOHNEN)

Früher wurden sie wegen ihrer roten Blüten als Zierpflanzen gezogen. Sie liefern Unmengen köstlicher Hülsen und sind überaus anspruchslos.

### Aussaat

Säen Sie die Bohnen in der zweiten Frühjahrshälfte drinnen in Kartonrollen. Darin haben die Wurzeln Platz und nehmen beim Umpflanzen keinen Schaden. Als Substrat eignet sich Komposterde oder eine Mischung. Drücken Sie ein Samenkorn pro Rolle etwa 5 cm tief in das Substrat. Stellen Sie die Rollen in ein sonniges Fenster und halten Sie das Substrat feucht.

### Kultur

Stangenbohnen sind nicht winterhart und können daher erst nach dem letzten Frost ins Freie. Wenn sie mindestens 10 cm hoch sind, siedelt man sie mitsamt den Rollen nach draußen um. Sie werden etwa 2 m hoch; jedes Exemplar braucht daher eine Stütze (*siehe rechts*). Binden Sie die Triebe vorsichtig mit einer Schnur an die Stangen, sodass sie sich daran festhalten können. Gießen Sie die Pflanzen gut, sobald sie blühen. Zwicken Sie die Triebspitzen ab, wenn sie das obere Ende der Stütze erreichen.

### Ernte

Ab dem Spätsommer, also rund drei Monate nach der Aussaat, ernten Sie die Hülsen, sobald sie etwa 20 cm lang und noch zart sind. Solange die Pflanzen blühen, liefern sie immer neue Hülsen. Falls die Bohnen größer und etwas ledrig werden, muss man vor dem Kochen die zähen Ränder, Fäden genannt, entfernen.

### Samen sammeln und lagern

Lassen Sie einige Hülsen an der Pflanze, bis sie braun werden. Dann holen Sie die Samen heraus, trocknen sie und geben sie in einen Umschlag (siehe Seite 129). Sie müssen binnen drei Jahren ausgesät werden.

#### EIN KLETTERGERÜST FÜR BOHNEN

Das kann ein einfaches Stangenzelt aus etwa 2 m langen Stangen oder Bambusstäben sein, das sie in den Boden stecken und oben zusammenbinden. Ebenfalls sinnvoll ist ein Gerüst (*siehe unten*) aus A-förmigen Stangenpaaren alle 30 cm, die von einem »First« gehalten werden.

a

b

c

## b. BUSCHBOHNEN

Buschbohnen werden nur etwa 50 cm hoch und brauchen keine Stütze, sind aber kälteempfindlich.

### Aussaat

Die Samen werden im Mai wie Stangenbohnen in Töpfe oder Kartonrollen gesät und auf eine sonnige Fensterbank gestellt. Substrat feucht halten.

### Kultur

Wenn die Sämlinge rund 10 cm hoch sind, nimmt man sie nach dem letzten Frost aus ihren Töpfen und setzt sie an ihren Standort im Freiland (in biologisch abbaubaren Töpfen kann man sie auch mitsamt Gefäß einpflanzen). Sie sollten relativ eng stehen, damit sie sich gegenseitig stützen. Wenn sie so viele Hülsen tragen, dass sie umfallen, drückt man etwa 5 cm neben ihnen eine Stütze ins Erdreich. Weil Buschbohnen klein bleiben und flach wurzeln, mulche ich sie einmal pro Saison mit einer 2–3 cm dicken Schicht Grasschnitt. Das bewahrt die Bodenfeuchtigkeit und verhindert, dass der Wurzelballen austrocknet.

### Ernte

Mit der Ernte können Sie ab dem Spätsommer beginnen, wenn die Hülsen knapp 10 cm lang und die Schalen noch weich sind – in der Regel ist das zwei bis drei Monate nach der Aussaat der Fall. Vor dem Verzehr müssen sie gekocht werden.

### Samen sammeln und lagern

Wie bei Stangenbohnen (*siehe gegenüber*).

## c. DICKE BOHNEN

Sie sind anders als Stangen- und Buschbohnen winterhart. Manche Sorten tragen hübsche rote Blüten.

### Aussaat

Im Spätwinter oder zeitigen Frühjahr wird je ein Samenkorn in eine Kartonrolle gesät (darin haben die langen Wurzeln Platz). Dann stellt man die Rollen auf eine sonnige Fensterbank und wässert regelmäßig.

### Kultur

Die Setzlinge werden in ihren Rollen umgepflanzt, sobald sie rund 7 cm hoch sind. Als Abstand zwischen

a

den einzelnen Pflänzchen sind 30 cm ratsam. Dicke Bohnen haben lange Wurzeln, die manchmal unten aus der Rolle herausspitzen. Sie sollten intakt bleiben, doch wächst die Pflanze auch dann weiter, wenn sie abbrechen. An exponierten Standorten oder bei starkem Wind und Regen bindet man die Triebe mit einer weichen Schnur oder alten Stoffstreifen locker an einen 60 cm hohen Stab, der 5 cm von der Pflanze entfernt in den Boden gedrückt wird.

**Ernte**

Sobald die Pflanzen zu blühen beginnen, zwicken Sie den obersten Abschnitt der Triebe (mit etwa sechs jungen Blättern) ab, um einen Blattlausbefall zu verhindern. Die Triebspitzen kann man kurz in Wasser kochen oder in der Pfanne dünsten. Die reifen Bohnen werden geerntet, wenn sich ihre Hülsen fest anfühlen und eine ordentliche Größe haben. Von der Aussaat bis zur Ernte vergehen drei bis vier Monate.

**Samen sammeln und lagern**

Wie bei Stangenbohnen (siehe Seite 130).

**a. ERBSEN**

Meine Erbsen schaffen es kaum je bis in die Küche, weil sie der perfekte Gartensnack sind. Manche Pflanzen werden über 160 cm hoch. Ihre Ranken brauchen eine Stütze. Erbsen halten leichten Frost aus und können im zeitigen Frühjahr angesät werden.

**ERBSEN STÜTZEN**

Drücken Sie dünne Zweige in die Erde, um die Pflanzen während der ersten 30 cm ihres Wachstums zu stützen. Ich verwende die trockenen Äste alter Weihnachtsbäume und zwei ausgemusterte Zaunpfosten mit dazwischen gespannten Drähten (*siehe rechts*). Wer Erbsen in Pflanzgefäßen kultiviert, steckt Zweige neben sie in die Erde oder fasst jeden Topf mit Hasendraht ein. Wie hoch Erbsen werden, hängt von der Sorte ab, deshalb wählt man zur Sicherheit lieber eine etwas zu hohe Stütze. Merken Sie sich für das nächste Jahr, wie hoch sie werden, dann können Sie, wenn Sie Samen davon verwenden, im nächsten Jahr vorab eine passgenaue Stütze vorbereiten.

## Aussaat

Säen Sie Erbsen zwischen zeitigem Frühjahr und Hochsommer in Kartonrollen oder kleine Töpfe mit selbst gemischter Anzuchterde. In jedes Gefäß kommen zwei bis drei Samen. Ausdünnen ist nicht nötig, denn die Pflänzchen konkurrieren später nicht miteinander. Ihre Wurzeln brauchen nicht so viel Platz wie die von Dicken Bohnen. Das Substrat hält man feucht. Als Standort ist eine sonnige Fensterbank ideal. Man kann Erbsen auch als Sprossengemüse ziehen. Dazu füllt man 5 cm Komposterde in eine flache Saatschale, sät die Erbsen aus und bedeckt die Samen 1 cm hoch mit Erde. Gut wässern und drinnen in ein sonniges Fenster stellen.

## Kultur

Die Setzlinge werden ausgepflanzt, sobald sie 7–10 cm hoch sind. Zwischen den Horsten reicht ein Abstand von 5 cm. Montieren Sie eine Stütze.

## Ernte

Sprossen werden mit 6 cm Höhe geerntet. Sie können in Salate gegeben werden. Selbst wenn man Erbsen bis zur Reife wachsen lässt, kann man einige ihrer Triebe abzwicken, um einen buschigen Wuchs zu fördern. Die Hülsen sind reif, sobald sie sich fest anfühlen, was nach 12–14 Wochen der Fall sein sollte.

## Samen sammeln

Wie bei Stangenbohnen (siehe Seite 130).

## b. KICHERERBSEN

Kichererbsen vertragen nur geringen Frost, kommen aber im Gegensatz zu anderen Hülsenfrüchten gut mit Trockenheit zurecht. Sie mögen es warm und sonnig.

## Aussaat

Beste Ergebnisse erzielt man mit einer Aussaat in leeren Klorollen oder kleinen Töpfen drinnen im April. Die Gefäße werden mit jeweils nur einem Samen bestückt und auf eine sonnige Fensterbank gestellt.

## Kultur

Ins Freiland kommen sie mit einer Höhe von mindestens 7 cm in 15 cm Abstand, damit sie sich gegenseitig stützen. Ansonsten brauchen Kichererbsen keine Stütze, da sie nur etwa 50 cm hoch werden.

## Ernte

Drei Monate nach der Aussaat sind sie reif. Sobald sich die grünen Hülsen fest anfühlen, erntet man sie.

## Samen sammeln und lagern

Wie bei Stangenbohnen (siehe Seite 130).

b

**Jede Kichererbsenhülse** enthält etwa zwei Erbsen. Man sollte schon eine gewisse Anzahl ziehen, um eine ordentliche Ernte zu erhalten.

# KOHLGEWÄCHSE

Sie werden alle in etwa zur gleichen Zeit mit derselben Methode ausgesät. Ihr üppiges Wachstum erfordert viele Nährstoffe, verbessern Sie die Böden deshalb vor dem Bepflanzen mit Komposterde oder gut verrottetem Stallmist.

Säen Sie die winterharten Pflanzen in Töpfe oder Topfplatten. Wer Platz hat, kann sie auch direkt ins Freiland säen und später ausdünnen. Sie brauchen Schutz, denn Kohlfliege und Kohlweißling (siehe Seite 164) setzen ihnen zu. Nicht mit von der Partie ist hier Blumenkohl: Er nimmt viel Platz weg und ist nicht ganz einfach anzubauen. Sie können ihn sich ja vornehmen, wenn Sie etwas mehr Erfahrung haben.

## a. ROSENKOHL

An diesem Gemüse scheiden sich die Geister. Für mich aber ist Rosenkohl aus dem eigenen Garten schwer zu toppen, vor allem an Weihnachten.

### Aussaat

Säen Sie ab Frühlingsbeginn drei Samen pro Topf in Anzuchterde und stellen Sie alles auf eine sonnige Fensterbank. Eine Woche nach der Keimung dünnt man aus und lässt nur den kräftigsten Sämling im Topf stehen. Alternativ können Sie direkt in ein Hochbeet oder ein Gefäß eine dünne, 2 cm tiefe Reihe säen. Ausdünnen ist in diesem Fall nicht nötig – man nimmt jeden Setzling auf, sobald er 7–10 cm hoch ist, und pflanzt ihn an seinen endgültigen Platz.

### Kultur

Lassen Sie 30 cm Abstand zwischen den Pflanzen und wässern Sie regelmäßig. Wenn der Rosenkohl kopflastig wird oder instabil steht, geben Sie ihm eine Stütze.

### Ernte

Es gibt frühe, mittelfrühe und späte Sorten. Geerntet wird, sobald die Röschen groß genug sind und sich fest anfühlen. Man kann zunächst auch nur die Blätter abzupfen – sie lassen sich dämpfen oder in der Pfanne dünsten – und mit der Gesamternte noch warten.

## b. KOPFKOHL

Sorten, die im Sommer und Herbst erntereif sind, liefern bei mir den besten Ertrag. Sie können aber auch Winterkohl kultivieren. Er bildet kleinere Köpfe und wird nicht so leicht vom Wind umgeblasen.

### Aussaat

Wie Rosenkohl. Sommerkohl wird im Spätwinter, Herbstkohl erst im Frühjahr ausgesät.

### Kultur

Die Pflanzen brauchen mindestens 50 cm Abstand zueinander, damit sie sich ausbreiten können. Da das Wurzelgeflecht im Vergleich zum oberirdischen Wuchs verhältnismäßig klein ist, kann Kohl von Stürmen umgestürzt werden. Drücken Sie den Boden um die Setzlinge daher nach dem Auspflanzen gut an und wässern Sie regelmäßig, damit sie nicht austrocknen.

### Ernte

Sobald die Köpfe groß genug sind und sich fest anfühlen, können sie abgeschnitten werden.

**SAMEN GEWINNEN**

Samen von Kohlgewächsen zu sammeln lohnt sich nicht, denn Fremdbestäubung und Inzucht wirken sich negativ auf die Erträge aus. Versuchen Sie Saatgut auf Tauschbörsen aufzutreiben. Mit einem einzigen Päckchen kommt man mehrere Jahre aus, denn die Samen bleiben bis zu vier Jahre keimfähig.

a

b

c

d

### c. PALMKOHL

Für mich sind Palmkohl und sein naher Verwandter, der Grünkohl, die Stars im Gemüsegarten: extrem ertragreich und dazu winterhart. Außerdem liefert Grünkohl zu den Blättern auch noch essbare Blüten. Man kann beide auch in großen Gefäßen ziehen.

**Aussaat**

Wie Rosenkohl. Die Aussaat erfolgt zwischen zeitigem Frühjahr und Frühsommer.

**Kultur**

Setzen Sie die Pflänzchen um, wenn sie 7–10 cm hoch sind. Damit sie Platz haben, empfehle ich knapp 50 cm Abstand. An windigen Standorten kann man sie auch etwas enger setzen. Palm- und Grünkohl stecken Trockenheit recht gut weg.

**Ernte**

Palmkohl kann schon ab August geerntet werden, Grünkohl ab Oktober. Man beginnt mit den unteren Blättern und erntet wenig, aber oft – zu viel auf einmal senkt den Ertrag. Palm- und Grünkohl bleiben den Winter über draußen. Im Frühjahr lässt man den Grünkohl blühen. Seine Blüten können Sie wie Sprossenbrokkoli verwenden. So kann die Erntezeit noch einmal um ein paar Wochen ausgedehnt werden.

### d. VIOLETTER SPROSSENBROKKOLI

Diese späte Sorte kultiviere ich, weil sie im Winter und zeitigen Frühjahr geerntet werden kann – in einer Zeit also, in der der Garten sonst nicht viel hergibt.

**Aussaat**

Wie Rosenkohl. Ausgesät wird im Frühjahr.

**Kultur**

Wenn die Setzlinge ins Freiland umziehen, achtet man auf einen Abstand von knapp 50 cm. So stützen sie sich später gegenseitig. Gewässert werden muss regelmäßig, vor allem bei Trockenheit.

**Ernte**

Die Sprossen werden abgeschnitten, sobald sie erscheinen. Je mehr man erntet, desto stärker legt die Pflanze nach. Auch die Blätter sind essbar!

# WURZELGEMÜSE

Dieses Gemüse wächst, wie der Name schon verrät, unterirdisch. Manche Wurzeln kann man sogar dann noch im Boden lassen, wenn es an der Oberfläche friert. Bei einigen Gemüsearten handelt es sich botanisch gesehen um Sproßknollen, ich behandle sie aber als Wurzelgemüse.

## a. RADIESCHEN

Die kugeligen Wurzeln sind kinderleicht anzubauen und eignen sich bestens für Pflanzgefäße.

### Aussaat

Radieschen können von März bis August – in warmen Gegenden sogar noch bis September – ausgesät werden. Dazu streut man die Samen in Gefäßen dünn aus und bedeckt sie mit etwa 1 cm Erde. Im Hochbeet oder Freiland sät man Radieschen dünn in Reihen, 1 cm tief und mit 10 cm Abstand.

### Kultur

Ich dünne Radieschen nicht aus, denn sie verschaffen sich selbst Platz, indem sie Nachbarn wegdrücken. Damit nicht zu viele auf einmal erntereif werden, sollten Sie alle ein, zwei Wochen eine Reihe ansäen.

a

### Ernte

Radieschen sind schon vier bis sechs Wochen nach der Aussaat erntereif und werden am besten frisch genossen. Sobald sie groß genug sind, fasst man sie am Blattansatz und zieht sie aus der Erde. Manche kann man weiterwachsen lassen, damit sie Samen ansetzen, den man grün knabbert oder trocknen lässt und lagert (*siehe unten*). Wenn die Radieschen im Spätsommer oder Herbst nicht mehr ganz ausreifen, sind immerhin noch die Blätter essbar.

#### RADIESCHENSAMEN SAMMELN

Lassen Sie sechs der im Frühjahr ausgesäten Radieschen stehen, damit sie blühen und Samen ansetzen. Sobald die Schoten bräunlich werden (*siehe unten*), bündelt man die Pflanzen, hängt sie kopfüber zum Trocknen auf und stellt ein Gefäß darunter, in das die Samen fallen, wenn die Schoten aufplatzen. Lagern Sie das Saatgut in Gläsern oder Briefumschlägen.

b

c

**b. ROTE BETE**

Rote Bete nimmt in meiner Gemüsehitliste einen vorderen Platz ein – sowohl im Garten als auch auf dem Esstisch. Die Wurzeln schmecken geröstet hinreißend, die frischen Blätter kann man roh genießen.

**Aussaat**

Weichen Sie die Samen vor der Aussaat in Wasser ein, damit sie schneller keimen. Die Freilandaussaat ist von April bis Juli in Reihen mit 1 cm Tiefe und 20 cm Abstand möglich. Man kann sie auch in mit Anzuchterde gefüllten Zeitungstöpfen (siehe Seite 30) vorziehen. Die Samen bleiben etwa drei Jahre keimfähig.

**Kultur**

Dünnen Sie auf einen Sämling alle 5 cm aus. Der Umzug an den endgültigen Standort erfolgt, sobald die Sämlinge drei bis vier echte Blätter tragen. Regelmäßig gießen ist wichtig, vor allem bei Trockenheit.

**Ernte**

Junge Blätter können Sie in Salate geben oder in der Pfanne dünsten. Die Wurzeln ernte ich meist, bevor sie tennisballgroß sind, und verbrauche sie bis Januar. Frühjahrsaussaaten sollten im Sommer, Sommeraussaaten bis Herbst erntereif sein.

**c. MÖHREN**

Möhren aus der Erde zu ziehen ist eine wahre Freude und gehört für mich zu den Highlights des Jahres.

**Aussaat**

Möhren lassen sich im Freilandbeet, Hochbeet und großen – nicht jedoch kleinen – Pflanzgefäßen kultivieren. Das Umpflanzen mögen sie gar nicht, weshalb man sie gleich an ihren endgültigen Platz sät. Möglich ist das von März bis August. Die Aussaat erfolgt 1 cm tief mit etwa 15 cm Abstand. Lassen Sie das Erdreich während der Keimung nie austrocknen. Keimfähig bleiben die Samen drei Jahre lang.

**Kultur**

Dünnen Sie auf einen Sämling alle 5 cm aus. Die Pflanzen müssen vor der Möhrenfliege geschützt werden, die ganze Bestände vernichten kann (siehe Seite 164). Wässern Sie bei Trockenheit gut.

**Ernte**

Bei der Ernte orientiert man sich am Durchmesser des Wurzelansatzes, der aus der Erde ragt. Ziehen Sie die größten Exemplare zuerst aus dem Boden und lassen Sie die kleineren noch wachsen. Möhren sollten vor dem ersten Frost geerntet werden.

## a. SPEISERÜBEN

Wenn Sie glauben, Speiserüben nicht zu mögen, sollten Sie einige selbst kultivieren und jung genießen – Sie werden angenehm überrascht sein.

### Aussaat

Die Aussaat erfolgt direkt in das Freiland- oder Hochbeet. Ideal ist eine Aussaat in 1 cm Tiefe mit 1 cm Abstand zueinander und 15 cm Reihenabstand. Später dünnt man auf ein Pflänzchen alle 5 cm aus. Frühe Sorten werden ab März, späte ab Juli ausgesät. Die Samen bleiben etwa vier Jahre lang keimfähig.

### Kultur

Wässern Sie die Kulturen regelmäßig, vor allem bei längerer Trockenheit. Wichtig ist auch gutes Jäten.

### Ernte

Speiserüben brauchen bis zur Reife nur 8–10 Wochen. Man genießt sie am besten jung, denn später schmecken sie zu intensiv. Ich hole alle Rüben bis Januar aus der Erde. Im Kühlschrank halten sie etwa eine Woche.

## b. STECKRÜBEN

Steckrüben sind eine gute Alternative zu Kartoffeln und haben nur etwa halb so viele Kalorien. Sie können sogar im Freien überwintern und neu austreiben.

### Aussaat

Säen Sie die Rüben ab April im Freiland oder Hochbeet 2 cm tief mit 2 cm Abstand und 30 cm Reihenabstand aus. Die Samen bleiben vier Jahre keimfähig.

### Kultur

Dünnen Sie auf einen Sämling alle 7–10 cm aus. Ratsam ist regelmäßiges Wässern und Jäten.

### Ernte

Ab Oktober können Sie ernten. Holen Sie sie der Größe nach ganz nach Bedarf aus der Erde.

## c. PASTINAKEN

Pastinaken keimen und entwickeln sich nur langsam. Sie sind gebraten aber köstlich und schmecken nach dem ersten Frost noch etwas süßer.

### Aussaat

Säen Sie im März und April alle 7–10 cm drei Samen aus. Zwischen den Reihen bleiben 20 cm Abstand. Während der Keimung muss der Boden feucht sein.

### Kultur

Beim Ausdünnen lässt man nur den kräftigsten Sämling stehen. Wichtig ist regelmäßiges Jäten. Gewässert wird nur bei sehr trockenen Böden.

a

b

**Ernte**
Ernten Sie vom Herbst bis zum späten Winter – die größten Exemplare zuerst. Warten Sie für den besten Geschmack bis nach dem ersten Frost.

## d. KARTOFFELN

Kartoffeln kostenlos zu bekommen ist nicht schwer. Einmal habe ich drei Portionen ausgetriebener Knollen aus dem hintersten Eck der Speisekammer von Freunden bekommen. Man unterscheidet frühe, mittelfrühe und späte Sorten. Kartoffeln brauchen sonnige Standorte und gedeihen gut in großen Kübeln, Hochbeeten und natürlich im Freiland.

Ich baue meine Kartoffeln mit drei Methoden an: mit Umgraben, ohne Umgraben und in Gefäßen. Ich erkläre alle Methoden im Folgenden.

**Aussaat**
Bei allen drei Methoden macht die Aussaat den Anfang. Das Vortreiben, bei dem man Kartoffeln drinnen zum Keimen bringt, sorgt für einen gewissen Vorsprung, ist aber nicht unbedingt nötig. Zwei, drei Wochen vor der Aussaat stecken Sie die Kartoffeln einzeln mit den Augen nach oben in die Vertiefungen von Eierkartons und stellen Sie die Kartons an einen hellen, kühlen Platz. Sobald sich kräftige, etwa 3 cm lange Triebe gebildet haben, kann man sie pflanzen.

**Auspflanzen**
Frühkartoffeln können schon ab Mitte April gepflanzt werden und sind nach 10–12 Wochen erntereif. Mittelfrühe Sorten kommen bis Mitte Mai an die Reihe und brauchen rund 14 Wochen. Späte Kartoffeln pflanzt man Ende Mai; sie brauchen 16–18 Wochen.

Möglich ist auch eine noch spätere Pflanzung, doch steigt dann das Risiko eines Befalls mit der Krautfäule (siehe Seite 166). In nasseren Regionen empfehle ich, Ende April zu pflanzen und frühen sowie mittelfrühen Sorten den Vorzug zu geben.

- **Mit Umgraben** Sie brauchen mindestens 30 cm tiefe Hochbeete. Darin einen 25 cm tiefen Graben ausheben und 5 cm gut verrotteten Tierdung, groben Kompost oder Gemüsereste hineingeben. Alle 30 cm eine Saatkartoffel in den Graben legen und mit Aushub bedecken. Falls mehrere Reihen gegraben werden, 30 cm dazwischen lassen. Nach 3–4 Wochen sollten erste Triebe erscheinen.
- **Ohne Umgraben** Mit der No-Dig-Methode kann man Kartoffeln entweder in vorbereitete Böden (siehe Seite 40) oder in ein flaches Hochbeet mit einer mindestens 10 cm tiefen Schicht Oberboden setzen. Das Beet unkrautfrei halten. Saatkartoffeln in 30 cm Abstand auf den Boden legen und mit mindestens 5 cm Komposterde

c

d

oder gut verrottetem Tierdung bzw. Stallmist bedecken. Dann auf dieser Schicht eine 20cm dicke Schicht gehäckselte Blätter, Stroh oder einen Mix aus Grasschnitt und Falllaub verteilen.

- **Gefäßkultur** Große Pflanzgefäße mit einem Fassungsvermögen von rund 30 Litern sind für Kartoffeln perfekt. Zur Hälfte mit einer 1:1-Mischung aus Pflanzerde und Komposterde bzw. gut verrottetem Stallmist füllen und 2–3 Saatkartoffeln obenauf legen. Gefäß nun bis ca. 7cm unter den Rand mit der Substratmischung auffüllen.

### Kultur

Kartoffeln vertragen keinen Frost. Leichter Frost lässt aber nur das oberirdische Kraut absterben, die Knollen treiben anschließend wieder aus. Wie man sie vor Frost schützt, erfahren Sie auf Seite 24–25.

- **Mit Umgraben** Wenn die Triebe rund 7cm hoch sind, häufelt man mit einem Rechen Erde über sie, um den Ertrag zu steigern. Das ist aber nur einmal nötig. Bei trockenen Böden müssen die Pflanzen gut gewässert werden.

#### SAATKARTOFFELN

Beim Ernten legt man einige kleine bis mittlere Knollen beiseite, um sie im nächsten Jahr als Saatkartoffeln zu verwenden. Allerdings dürfen sie nur von Pflanzen genommen werden, die sich keine Kraut- und Knollenfäule eingefangen haben. Man lässt die Kartoffeln 2–3 Tage draußen in der Sonne trocknen und lagert sie dann kühl, luftig und dunkel in einem Schuppen oder einer Garage. Gut aufgehoben sind sie in Eierkartons, die mit ein paar Lagen Zeitungspapier abgedeckt werden.

**Wegen ihrer Blüten** wurden Kartoffeln früher als Zierpflanzen kultiviert.

- **Ohne Umgraben** Sobald sich die Triebe zeigen, verteilen Sie 15–20cm dick Mulch darauf.
- **Gefäßkultur** Wenn die ersten Triebe aus der Erde spitzen, füllen Sie das Gefäß bis obenhin mit dem gleichen Substrat, das bei der Aussaat verwendet wurde. Gut gießen, wenn die Pflanze kräftig wächst, vor allem bei warmem Wetter.

### Ernte

Sobald das Laub welkt, räumt man etwas Erde beiseite, um zu prüfen, ob die Knollen erntereif sind.

- **Mit Umgraben** Eine Pflanze mit der Grabgabel aufnehmen. Sind die Knollen zu klein, lässt man die übrigen Pflanzen noch im Boden.
- **Ohne Umgraben** Mulchschicht beiseiteräumen, um die Kartoffeln freizulegen. Bei dieser Kulturmethode kann man von jeder Pflanze auch öfter, dafür nur wenige Kartoffeln auf einmal ernten.
- **Gefäßkultur** Gefäß vorsichtig kippen und Inhalt in einen Trog oder auf eine alte Decke rutschen lassen. Kartoffeln herauslesen. Verbliebene Erde in ein Hochbeet geben oder mit Komposterde mischen und in einem anderen Gefäß wiederverwenden.

### Lagerung

Die geernteten Kartoffeln dürfen nicht gewaschen werden. Stattdessen lässt man sie draußen ein paar Stunden auf Zeitungspapier oder Karton in der Sonne trocknen. Anschließend gibt man sie in Stoffsäcke oder mit Zeitungspapier ausgeschlagene Kartonschachteln und lagert sie kühl, trocken und dunkel.

GEWUSST?
Kartoffeln sind Stauden, also mehrjährig. Deshalb treiben Knollen, die man im Boden lässt, wieder aus (falls sie nicht erfrieren). Allerdings sind sie anfällig für allerlei Krankheiten und Schädlinge, sodass man sie am besten einjährig zieht.

**Ocas sind kleine,** oft rosa oder rötliche Knollen (*oben*). Sobald die buschigen Pflanzen austreiben (*links unten*), häufelt man sie wie Kartoffeln an. Im Sommer erscheinen gelbe Blüten (*links oben*).

## OCA

Ocas heißen auch Knolliger Sauerklee oder Yam (nicht zu verwechseln mit der Yamswurzel!). Wie Kartoffeln sind sie Stauden, werden aber einjährig kultiviert. Sie stammen aus Mittelamerika und haben sich bei uns noch nicht so recht durchgesetzt. Viele Hobbygärtner sind aber ganz begeistert von dem Gemüse und verschenken eventuell ein paar Knollen, wenn man Interesse zeigt. Ocas werden wie Kartoffeln jedes Jahr durch Saatknollen vermehrt, die man im Frühjahr pflanzt. Sie eignen sich gut für beengte Verhältnisse, da sie relativ niedrig bleiben und in großen Pflanzgefäßen problemlos gedeihen. Allerdings brauchen sie viel Sonne.

### Aussaat

Pflanzen Sie Oca-Knollen erst, wenn garantiert kein Frost mehr zu erwarten ist. Drücken Sie dazu mit einem Stock 5 cm tiefe Löcher mit 20 cm Abstand in Pflanzgefäße mit Anzuchterde oder in Hochbeete mit einer 70:30-Mischung aus Gartenerde und Komposterde (je höher allerdings der Anteil der Komposterde, desto besser). Nun gibt man eine Oca-Knolle in jedes Loch und füllt es wieder mit Erde. Man kann die Knollen auch im zeitigen Frühjahr 5 cm tief in Töpfen auf der Fensterbank aussäen und die Jungpflanzen 2–3 Wochen nach dem Zeitpunkt, an dem im Durchschnitt der letzte Frost auftritt, mit 20 cm Abstand ins Freiland setzen. Sollte es doch noch einmal frieren, schützt man sie entsprechend (siehe Seite 24–25).

### Kultur

Ich empfehle Ocas ebenso anzuhäufeln wie Kartoffeln. Dazu decken Sie die Pflanzen vorsichtig mit einer 5–10 cm dicken Schicht Erde zu, sobald sie etwa 7 cm hoch sind. Die Knollen wachsen oberflächennah und bekommen dadurch mehr Platz, was den Ertrag erhöht. Ansonsten bleibt nur noch, den Boden zu wässern, falls er stark austrocknet, und in der ersten Wachstumsphase gut zu jäten. Wenn die Stauden im Hochsommer dicht wachsen, hat Unkraut darunter nur noch wenig Chancen.

### Ernte

Laub und Triebe beginnen nach dem ersten Frost einzuziehen, doch die Knollen können noch eine Weile geschützt im Erdreich bleiben. Man holt sie heraus, wenn der gesamte oberirdische Wuchs abgestorben ist und sich zu zersetzen beginnt, da sich sonst Mäuse an den Knollen im Erdreich gütlich tun und sie außerdem erfrieren können.

### Samen sammeln und lagern

Oca-Knollen, die man im nächsten Jahr wieder pflanzen möchte, sollten wie Kartoffeln in einer mit Zeitungspapier ausgelegten Kartonschachtel überwintert werden. Stellen Sie die Schachtel bis zum Aussäen im Frühjahr an einen kühlen, aber frostfreien, dunklen Platz.

### KNOLLENZIEST

Knollenziest, auch Japanische Kartoffel oder Chinesische Artischocke genannt (*rechts*), ist wie Oca recht schwer kostenlos aufzutreiben. Allerdings wird das Gemüse allmählich bekannter und es würde mich nicht wundern, wenn Hobbygärtner es in den nächsten Jahren wiederentdecken würden. Man kultiviert Knollenziest genauso wie Ocas und erntet alle Pflanzen in einem Durchgang, sonst machen sich Nagetiere über ihn her. Will man ihn im nächsten Frühjahr wieder ansäen, muss man wie bei Ocas (*siehe oben*) einige geerntete Knollen einlagern.

# BLATTGEMÜSE

Blattsalate zu kaufen ist verglichen mit der Aussaat relativ teuer, wenn man bedenkt, wie viele Pflanzen ein einziges Samenpäckchen liefert. Man kann die Salate als Pflücksalat behandeln und jeweils nur ein paar Blätter abzupfen.

Das hier vorgestellte Blattgemüse kann samt und sonders in Gefäßen kultiviert werden. Geben Sie dazu Komposterde bis 5 cm unter den Rand in das Gefäß, füllen Sie mit Gartenerde bis knapp unter den Rand auf und streuen Sie den Samen auf die Oberfläche. Bedecken Sie ihn mit einer 1 cm dicken Schicht Gartenerde. Wichtig ist ausreichendes Wässern. Braucht man Blätter, zupft man wie bei Pflücksalat die größten ab und lässt die übrigen weiterwachsen.

## a. KOPFSALAT

Ernten Sie die Blätter von dicht gesätem Kopfsalat nach Bedarf. Man kann die Pflänzchen wahlweise im Freiland, in Hochbeeten oder in Gefäßen kultivieren.

### Aussaat

Kopfsalat kann von Ende März bis Spätsommer direkt ins Freiland gesät werden. Man sät ihn 1 cm tief in Reihen, zwischen denen 10 cm Abstand bleiben sollte. Das Saatgut ist etwa vier Jahre lang keimfähig.

### Kultur

Die Aussaaten müssen gut feucht gehalten werden, vor allem während der Keimung. Damit sie nicht schossen, sollten sie im Halbschatten wachsen. Wichtig ist die Schneckenabwehr (siehe Seite 160–163).

### Ernte

Ernten Sie die Blätter nach Bedarf und vor allem bevor der Salat schießt und ungenießbar bitter wird.

## b. SPINAT

In wärmeren Regionen können Sie Spinat noch im Herbst in Hochbeeten aussäen, beernten, überwintern lassen und im Frühjahr nochmals ernten.

### Aussaat

Säen Sie von März bis Spätsommer 2 cm tief in Reihen mit 15 cm Abstand oder einzeln in Multitopfplatten. Das Saatgut bleibt drei Jahre keimfähig.

a

b

c

### Kultur
Sobald die Sämlinge vier bis fünf echte Blätter haben, werden sie so umgesetzt, dass sie 10 cm Abstand zueinander haben. Im Spätsommer gesäter Spinat kann für die kalte Jahreszeit in Hochbeete umgesiedelt werden, sofern man in einer wintermilden Region wohnt.

### Ernte
Schneiden Sie die jungen Blätter für Salat, sobald sie groß genug sind, oder warten Sie 10–12 Wochen auf größeres Laub. Spinat schosst, doch die kleinen Blätter sind danach trotzdem genießbar. Überwinterten Spinat kann man schon im zeitigen Frühjahr beernten.

## c. RUCOLA
Mit ihrem leicht scharfen Geschmack bringt Rucola alias Rauke Schwung in Salate. Gesät werden kann sie bis zum Spätsommer.

### Aussaat
Aussaaten in der zweiten Sommerhälfte liefern den besten Ertrag, doch kann man schon zur Frühjahrsmitte damit beginnen. Die Aussaattiefe sollte 1 cm betragen, der Abstand 10 cm. Rucola wächst im Freiland oder im Hochbeet.

### Kultur
Bei Trockenheit muss Rucola gut gewässert werden. Sie neigt zum Schossen.

### Ernte
Junge Blätter werden wie bei Pflücksalat nach Bedarf abgezupft. Die im Sommer erscheinenden Blüten sind essbar und zeichnen sich durch einen kräftig pfeffrigen Geschmack aus.

## d. STIEL- UND BLATTMANGOLD
Mein Lieblingsmangold ist 'Bright Lights', eine Sortenmischung mit auffallenden gelben, rosa und roten Stielen.

### Aussaat
Für die Ernte von Baby-Blättern säen Sie in Reihen mit 10 cm Abstand, für größere Blätter und Stiele säen Sie je drei Samen 2 cm tief mit 15 cm Abstand. Die Samen bleiben bis zu drei Jahre keimfähig.

### Kultur
Gutes Jäten und Wässern bei Trockenheit sind unerlässlich. Hat man in Dreiergruppen ausgesät, behält man nur den kräftigsten Sämling.

### Ernte
Die zarten jungen Blätter verwertet man in Salaten. Bis zur Reife vergehen rund zehn Wochen, dann müssen Blätter und Stiele leicht gekocht werden. Nach dem Abernten mulcht man sie mit Herbstlaub und lässt sie den Winter über draußen. Im Frühjahr treiben sie neu aus, bevor sie schossen.

### SAMEN SAMMELN
Lassen Sie ein paar Kopfsalat- und Spinatpflänzchen stehen, damit sie blühen. Sobald die Blüten braun werden, gräbt man die Pflanzen aus und hängt sie kopfüber über einen Topf oder eine Kiste, die die Samen auffängt. Alternativ kann man, wenn die Schoten trocken sind, mit den Fingern über die Stängel streichen und die Samen auffangen, die so herausfallen (*siehe rechts*).

# KÜRBIS-GEWÄCHSE

Die Vertreter dieser Familie brauchen Platz. Schon wenige Pflanzen liefern eine tolle Ernte und bilden jede Menge Laub, das Unkraut unterdrückt und obendrein ein Austrocknen des Bodens verhindert.

Alle Kürbisgewächse brauchen viel Sonne und sind nicht winterhart. Man pflanzt sie erst nach draußen, wenn kein Frost mehr droht. Lassen Sie Winterkürbisse bis zur Herbstmitte ausreifen, danach macht ihnen schon leichter Frost den Garaus. Alle Gewächse der Familie mögen nährstoffreiche Böden und sind durstig, weshalb man sie nie austrocknen lässt. Manche Sommerkürbisse wachsen buschig, andere kriechen und können Flächen rasch in Beschlag nehmen. Sommerkürbisse und Gurken gedeihen auch in Gefäßen.

## a. WINTERKÜRBISSE

Zu ihnen gehören auch die Riesenkürbisse. Die kletternden Triebe mancher Formen werden bis zu 5 m lang. Man lässt sie platzsparend um Stützen ranken.

### Aussaat

Im März bringt man das Saatgut mit dem Keimtest (siehe Seite 83) zum Keimen. Sobald im April die ersten winzigen Blättchen erscheinen, trennt man jeden Keimling mit dem Papier ab, auf dem er liegt, pflanzt ihn mit Papier in einen Topf und bedeckt ihn mit einer 1 cm dicken Schicht Erde. Dann den Topf gut wässern und auf eine sonnige Fensterbank stellen.

### Kultur

Ins Freie kommen die Pflänzchen, sobald sie mindestens vier echte Blätter tragen und kein Frost mehr zu erwarten ist – idealerweise im Frühsommer. Kürbisse sind hungrig, geben Sie zwei bis drei Handvoll Komposterde oder gut verrotteten Stallmist in das Pflanzloch. In den ersten Wochen wachsen sie nur langsam.

a

### Ernte

Sobald die Früchte reif sind, schneidet man sie ab, lässt aber ein Stück Stiel daran. Riesenkürbisse können Sie auch unreif vor dem ersten Frost ernten und zum Nachreifen auf eine sonnige Fensterbank legen.

### Samen sammeln

Die Samen bleiben zwar fünf Jahre keimfähig, sind aber nicht immer samenecht, da Kürbisse zur Fremdbestäubung neigen.

b

c

## b. SOMMERKÜRBISSE

Sommerkürbisse, zu denen auch Zucchini zählen, gehören zu den pflegeleichtesten und ertragreichsten Kürbisgewächsen. Manche sind gelb und gestreift, andere rund.

### Aussaat

Säen Sie Sommerkürbisse wie Winterkürbisse im zeitigen Frühjahr oder zur Frühjahrsmitte 2 cm tief in Töpfe im Haus. Die Samen bleiben fünf Jahre keimfähig.

### Kultur

Wenn die Setzlinge im Frühsommer rund 15 cm hoch sind, siedelt man sie nach draußen um. Sie sollten mit Brombeerzweigen, die man um sie herum drapiert, vor Schnecken geschützt werden. Manchmal muss man sich auch nachts auf die Suche nach den Schleimern machen. Wer die Kürbisse in Pflanzgefäßen ziehen will, muss ihnen einen großen Kübel mit etwa 50 cm Durchmesser zugestehen. Sommerkürbisse müssen gut gewässert werden, doch sollte das Laub dabei nicht nass werden, da sonst eine Infektion mit dem Echten Mehltau droht.

### Ernte

Ab dem Hochsommer bis zum Frühherbst sollten die Früchte mit schöner Regelmäßigkeit reifen.

## c. GURKEN

Gurken können unter Glas kultiviert werden, ich empfehle aber, eine bewährte Freilandsorte zu wählen.

### Aussaat

Säen Sie Samen von Gurken wie die von Winterkürbissen aus. Zieht man die Gurken im zeitigen Frühjahr drinnen in Töpfen heran, erhöht man die Chancen auf eine erfolgreiche Ernte. Die Samen bleiben fünf Jahre keimfähig.

### Kultur

Pflanzen Sie die Setzlinge in große Gefäße mit rund 50 cm Durchmesser und stellen Sie diese an ein sonniges Fenster. Im Juni bringen Sie die Kübel nach draußen, am besten vor eine Südwand, und stützen Sie die Triebe mit einem etwa 1 m hohen Stangenzelt. Gut wässern.

### Ernte

Das regelmäßige Abschneiden der Gurken regt die Pflanze zum Ansatz immer neuer Früchte an.

# TOMATEN

Bei Tomaten unterscheidet man determinierte und indeterminierte Sorten. Determinierte bleiben kleiner, wachsen buschig und brauchen keine Stütze. Die meisten Sorten sind aber indeterminiert. Am besten steigen Sie mit diesen ein.

An einem warmen, geschützten, sonnigen Platz fühlen sich Tomaten wohl. Man sät sie im März drinnen aus, damit sie einen optimalen Start in die Saison hinlegen und höhere Erträge liefern. Die Pflanzen vertragen keinen Frost und dürfen erst nach draußen, wenn nicht mehr mit Minustemperaturen zu rechnen ist. Ideal für sie sind mittelgroße bis große Pflanzgefäße (oder Reifen) mit einer 1:1-Mischung aus Oberboden und nach Möglichkeit Komposterde. Man stellt sie am besten vor eine helle Südwand. Als Samenlieferanten eignen sich reife, im Handel erstandene oder von Freunden gezüchtete Tomaten.

## Aussaat

Alte Joghurtbecher mit Löchern im Boden sind ideal für die Aussaat von Tomatensamen. Man gibt 3 cm Substrat hinein und legt drei Samen in gleichen Abständen darauf. Sie werden mit 5 mm Erde bedeckt und dürfen nicht austrocknen. Nach der Keimung zupft man die beiden schwächeren Sämlinge aus und lässt den kräftigsten etwa 5 cm hoch werden – er wird etwas langtriebig und dünn wirken. Häufeln Sie bis zum untersten Blattpaar etwas Substrat um den Trieb herum an, damit eine kräftige Pflanze entsteht. Die Samen sind zwischen vier und zehn Jahren keimfähig.

## Kultur

Werden die Pflänzchen für ihren Topf zu groß, holt man sie vorsichtig heraus, indem man die Töpfe umdreht, den Ballen mit den Fingern hält und von unten auf die Topfunterseite klopft, sodass die Pflanzen herausgleiten. Pflanzen Sie die Setzlinge in größere Töpfe. Wenn es allmählich wärmer wird, können die Tomatenpflanzen nach drei frostfreien Wochen an ihren endgültigen Platz im Freien umziehen. Dazu füllt man ihre Gefäße mit einer 1:1-Mischung aus Garten- und Komposterde und setzt je eine Pflanze hinein.

Indeterminierte Sorten brauchen eine tragfähige vertikale Stütze mit mindestens 1,5 m Höhe. Gut geeignet ist ein Bambusstab, doch kann man auch eine Palette an eine Wand lehnen. Den wachsenden Trieb bindet man alle 10 cm nach und nach mit einer weichen Schnur an die Stütze. Indeterminierte Tomaten bilden Seitentriebe, die abgezwickt werden müssen, damit die Pflanze ihre Energie in den Ansatz von Blüten statt in die Laubbildung steckt. Die entfernten Seitentriebe kann man eintopfen, doch bilden sie bis zum Herbst keine Früchte mehr. Sobald sich an vier Blütenständen kleine Früchte bilden, kappt man die Spitze des Haupttriebs, um das Wachstum zu stoppen und die Reifung der Früchte zu unterstützen.

Durch unregelmäßiges Wässern können Tomaten aufplatzen und am Blütenansatz faulen (siehe Blütenendfäule auf Seite 166). Verhindern lässt sich dies, indem man alle 2–3 Tage gründlich wässert, nach kräftigem Regen aber ebenso lange nicht mehr gießt. Tomaten sind hungrige Pflanzen, die nach Erscheinen der ersten Blüten alle ein, zwei Wochen Dünger brauchen. Ideal ist selbst angesetzter, nährstoffreicher Beinwelldünger (siehe Seite 74–75), den man in einer Gießkanne verdünnt.

## Ernte

Tomaten werden geerntet, sobald sie rot werden (je nach Sorte auch gelb oder orange). Man legt sie auf eine Fensterbank und verwertet sie binnen weniger Tage. Ich lege sie nicht in den Kühlschrank, weil ihr Geschmack darunter leidet. Wenn Sie zu viel haben, bleibt Ihnen aber vielleicht nichts anderes übrig.

**Ich kultiviere mehrere Züchtungen.** Mich interessieren vor allem Sorten, die es nicht im Supermarkt gibt.

**SAMEN SAMMELN**

Nehmen Sie eine reife Tomate und schaben Sie die Samen in ein sauberes Glas. Füllen Sie das Glas zur Hälfte mit Wasser und warten Sie, bis sich auf der Oberfläche Schaum bildet (etwa innerhalb von fünf Tagen). Schöpfen Sie den Schaum ab und geben Sie den Inhalt des Glases in ein Sieb. Spülen Sie die Samen unter fließendem Wasser, trennen Sie die Samen und lassen Sie diese auf einem Papiertuch auf der Fensterbank gut trocknen. Bewahren Sie die Samen in einem verschließbaren Schraubglas oder einem Briefumschlag an einem kühlen, dunklen Platz auf. Sie bleiben vier Jahre keimfähig.

# PAPRIKA

Die Mitglieder dieser farbenfrohen Gattung sind vorbildliche Topfpflanzen. Sie brauchen wenig Platz und lassen sich drinnen an ein sonniges Fenster stellen. Man kann sie sogar aus Samen ziehen, die von gekauften Schoten stammen.

Paprika braucht Wärme und hohe Luftfeuchtigkeit. In sehr kühlen Regionen stellen Sie die Pflanzen daher drinnen an ein großes Südfenster. In wärmeren Gegenden können sie in Gefäßen wachsen und draußen an einen sonnigen Platz gestellt werden. In sehr kühlen Nächten können Sie die Pflanzen dann immer noch hereinholen, damit sie nicht unter großen Temperaturschwankungen leiden. Nicht gestresste Pflanzen tragen gesündere Früchte.

**Aussaat**

Säen Sie Ende Februar je 2–3 Samen 5 mm tief in kleine Töpfe und stellen Sie diese zum Keimen an einen warmen Ort. Sobald die Sämlinge erscheinen, stellen Sie die Töpfe an einen sonnigen Platz und dünnen Sie auf ein einziges Pflänzchen pro Topf aus. Sobald Wurzeln aus dem Abzugsloch wachsen, kommen die Pflänzchen in größere Töpfe mit einer 70:30-Mischung aus Garten- und Komposterde. Wenn Chilis 20–25 cm hoch sind, zwickt man ihre Triebspitzen ab, damit sie buschiger wachsen. Das endgültige Pflanzgefäß sollte bei einem Inhalt von mindestens 5 l etwa 25 cm breit und 20 cm tief sein, sich idealerweise also leicht heben und nach drinnen tragen lassen. Geben Sie beim Umpflanzen zwei Handvoll Komposterde auf den Boden der Gefäße und füllen Sie dann erst den Substratmix ein.

PAPRIKASAMEN FALLEN OFT ALS ABFALL BEIM KOCHEN AN. SIE BEI FREUNDEN ODER NACHBARN AUFZUTREIBEN SOLLTE ALSO NICHT SCHWER SEIN.

**Kultur**

Paprikapflanzen müssen bei ausbleibendem Regen zweimal wöchentlich reichlich gewässert werden. Sobald sie blühen, düngen Sie die Pflanzen alle zwei Wochen mit Flüssigdünger, damit sie gesund wachsen. Ich verwende dafür selbst angesetzten Beinwelldünger (siehe Seite 74–75), weil er viel Kalium enthält, das für einen guten Fruchtansatz notwendig ist. Solange die Pflanzen nicht überladen sind, braucht man sie nicht zu stützten. Scharfe Chilis brauchen nach dem Fruchtansatz weniger Wasser.

**Ernte**

Paprikaschoten können in grünem oder rotem Zustand geerntet werden. Schneidet man sie grün ab, bilden sich mehr Früchte, erntet man sie rot, schmecken sie süßer. Ich ernte sie grün, weil sie im kühlen Klima meiner walisischen Heimat nicht immer ausreifen.

Chilis reifen unterschiedlich schnell, sodass an ein und derselben Pflanze oft grüne und rote (auch gelbe oder violette) Schoten gleichzeitig hängen. Wer sie scharf mag, sollte sie möglichst lange reifen lassen.

Chilis können mitsamt den Samen getrocknet werden. Dazu bindet man sie an eine Schnur und hängt sie an einem trockenen, luftigen Ort auf. So sehen sie außerdem ausgesprochen dekorativ aus.

**Samen sammeln und lagern**

Die Samen entnehmen Sie nur reifen Schoten. Legen Sie die Samen auf Papier an ein sonniges Fenster, damit sie gut trocknen. Bewahren Sie die trockenen Samen in einem alten Briefumschlag an einem dunklen Ort auf, bis sie ausgesät werden.

**Ich ernte meine Paprikaschoten grün** (*oben*), aber in warmen Gegenden reifen sie vielleicht sogar aus (*unten links*). Das gilt auch für Chilis (*unten rechts*).

## TIPP

*Wenn Sie Samen von Chilis sammeln, sollten Sie Handschuhe tragen oder sich nachher die Hände waschen. Sonst kann es brennen, wenn Sie anschließend Lippen oder Augen berühren.*

# LAUCHGEWÄCHSE

Die wichtigsten Nutzpflanzen in dieser großen Familie sind Knoblauch, Lauch (auch Porree genannt) und Speisezwiebeln. Um Lauch anzubauen, brauchen Sie etwas Geduld, doch Zwiebeln und Knoblauch sind unkomplizierter.

Lauchgewächse kommen mit wenig Nährstoffen aus und bevorzugen leichte Böden. Man setzt sie in Beete, die jedes Jahr mit 5 cm Komposterde gemulcht werden, oder in große Pflanzgefäße mit einer Mischung aus Garten- und Komposterde.

## a. KNOBLAUCH

Von den drei hier vorgestellten Lauchgewächsen ist der vielseitige Knoblauch mit seinem kräftigen Geschmack am besten für den Anbau in großen Gefäßen geeignet, also etwa in Eimern, Trögen und Reifen. Für Gartenneulinge ist das unkomplizierte, anspruchslose Gemüse ein hervorragender Start, um in den Gemüseanbau einzusteigen.

### Aussaat

Säen Sie einzelne Zehen im Oktober oder November 5 cm tief in 15 cm Abstand an ihren endgültigen Platz. Im März sollten erste Triebe zu sehen sein, die aber nicht vor Frost oder Schnee geschützt werden müssen, denn Knoblauch ist bemerkenswert winterhart.

### Kultur

Wässern Sie Knoblauch bei warmer, trockener Witterung, damit er nicht schosst und blüht.

### Ernte

Graben Sie die Zwiebeln im Frühsommer aus bzw. wenn die Hälfte des Laubs braun geworden ist. Binden Sie acht bis zehn Zwiebeln zu einem Bund und hängen Sie es zum Trocknen einige Wochen lang an einem hellen, luftigen Platz auf. Anschließend werden die Zwiebeln kühl und trocken gelagert.

## b. LAUCH

Lauch keimt und wächst nur langsam. Sein Vorteil: Man kann ihn so lange im Freiland stehen lassen, bis man ihn benötigt.

### Aussaat

Säen Sie ab April mindestens eine Reihe 1 cm tief ans Ende eines Hochbeets oder in ein großes Pflanzgefäß. Von einer 30 cm langen, dicht gesäten Reihe sind mindestens 20 Pflanzen zu erwarten. Wer mehr Reihen ansäen will, lässt 15 cm Abstand dazwischen.

### Kultur

Wenn die Lauchschäfte bleistiftdick sind, sollten die Pflanzen an ihren endgültigen Standort umziehen. Nehmen Sie die dicht gesäten Sämlinge vorsichtig auf, tauchen Sie die Wurzeln in einen Eimer Wasser und lösen Sie die Pflanzen behutsam voneinander. Stechen Sie 15–20 cm tiefe Löcher in ein Hochbeet oder ein hohes Gefäß und stecken Sie je einen Setzling hinein – eventuell müssen Sie die Pflänzchen ein bisschen hineindrücken, damit sie ganz nach unten rutschen. Es macht nichts, wenn nur noch ein kleines bisschen Laub herausschaut. Gießen Sie Wasser in die Löcher und lassen Sie etwas Erde hineinrutschen, aber füllen Sie das Loch nicht komplett, da die Stangen dicker werden, wenn sie es nicht so eng haben.

### Ernte

Im Spätherbst kann man mit der Ernte beginnen, sie aber auch noch bis zum Frühjahr hinauszögern. Lockern Sie dazu die Erde mit einer Grabegabel und ziehen Sie gleichzeitig den Lauch heraus.

a

## KNOBLAUCH LAGERN

Bei den »Samen« von Knoblauch handelt es sich um die einzelnen Zehen der Zwiebeln. Lagern Sie so viele Zehen, wie Sie brauchen, in einem kleinen Karton an einem kühlen, dunklen Platz. Lange müssen sie dort nicht bleiben, denn man sät sie im selben Jahr aus, in dem sie geerntet wurden. Hat man die Zwiebeln also im Hochsommer geerntet, kommen sie im Herbst schon in die Erde.

b

## ZWIEBELN AUS STECKZWIEBELN

Steckzwiebeln sind nichts anderes als unreife Zwiebeln. Setzt man sie in die Erde, anstatt Samen auszusäen, bekommt man schneller fertige Zwiebeln.

### Setzen

Im Februar oder März setzt man Steckzwiebeln einzeln in Zeitungstöpfe mit Anzuchtsubstrat, stellt sie auf eine Fensterbank und wässert sie regelmäßig. Man kann sie aber auch im April direkt ins Freiland setzen. Drücken Sie dazu die Zwiebeln in 10-cm-Abständen zur Hälfte in die Erde. Es kann nicht schaden, sie mit Zweigen zu bedecken, damit Vögel sie nicht ausgraben können.

### Kultur

Wer Zwiebeln in Töpfe gesteckt hat, pflanzt sie mit 10 cm Abstand ins Freiland, sobald die Pflänzchen 7–10 cm hoch sind.

### Ernte

Wenn im Spätsommer die Zwiebeln fest und ihre Blätter gelb werden, zieht man sie aus der Erde. Man kann sie frisch verwerten oder trocknen und dann einlagern. Zum Trocknen legt man sie drinnen an einem kühlen, luftigen Platz wie einem Schuppen oder einer Garage auf Zeitungspapier. Dort bleiben sie, bis das Laub braun wird, was bis einen ganzen Monat dauern kann. Möglich ist auch, sie bei trockenem Wetter draußen zu lassen, wo sie schneller lagerfähig werden, allerdings faulen sie bei zu viel Nässe. Binden Sie die getrockneten Zwiebeln zu Bündeln zusammen und verbrauchen Sie sie nach Bedarf.

**Ich bevorzuge Steckzwiebeln** (*oben*) anstelle von Saatgut. Vor dem Einlagern werden die Zwiebeln getrocknet (*gegenüber*).

**TIPP**

*Das grüne Laub von Zwiebeln kann als Ersatz für Frühlingszwiebeln genutzt werden. Schneiden Sie dazu gelegentlich ein Blatt ab und geben Sie es fein gehackt in Salate.*

## ZWIEBELN AUS SAMEN

Ich ziehe Zwiebeln immer aus Steckzwiebeln, doch man kann sie auch problemlos aussäen.

### Aussaat

Säen Sie Zwiebeln Ende März in Multitopfplatten. Füllen Sie Platten zunächst mit einer Mischung aus Kompost- und Gartenerde und stecken Sie drei bis vier Samen in jede Vertiefung. Stellen Sie die Platte auf eine warme, sonnige Fensterbank und wässern Sie gut. Die Samen bleiben vier Jahre keimfähig.

### Kultur

Sobald die Sämlinge 5–7 cm hoch sind, setzt man sie mit 10 cm Abstand ins Freiland. Ausgedünnt werden müssen sie nicht, denn sie schieben sich gegenseitig weg, wenn sie größer werden.

### Ernte

Geerntet wird wie bei Zwiebeln aus Steckzwiebeln.

# SO BLEIBT IHR BODEN GESUND

Wenn Sie Ihren Boden pflegen und gesund halten, belohnt er Sie mit kräftigen Pflanzen und hohen Erträgen. Gesundes Erdreich ist frei von Chemikalien und enthält viel organische Substanz, Regenwürmer sowie unzählige Mikroorganismen.

Einen gesunden Boden aufzubauen erfordert ein wenig Zeit und Mühe, aber Ihre Pflanzen können darin leichter Nährstoffe aufnehmen, ertragen Trockenperioden eher und sind besser gefeit gegen Krankheiten.

Das Mulchen einer Anbaufläche mit Komposterde mindestens einmal im Jahr verbessert die Bodenstruktur und gibt dem Erdreich Nährstoffe zurück, die ihm hungrige Pflanzen entzogen haben. Verteilen Sie im Herbst eine mindestens 3 cm, besser noch 5 cm dicke Schicht aus Komposterde oder gut verrottetem Stallmist auf der Oberfläche. Eingearbeitet werden muss sie nicht. Zum Schluss decken Sie alles mit ein, zwei Lagen Kartonpapier oder zehn Lagen Zeitungspapier ab, um Unkraut zu unterdrücken.

Im Frühjahr entfernen Sie noch vorhandene Papierreste und können neu säen oder bepflanzen. Wo Gemüse den Winter über stehengeblieben ist, verteilt man Komposterde nach dem Ernten und pflanzt direkt in sie. Wenn Sie gerade erst mit dem Gärtern begonnen haben und noch nicht über genug Komposterde verfügen, bringen Sie selbst gemachten Flüssigdünger aus (siehe Seite 73) und arbeiten Sie mit der Chop-and-drop-Methode (*siehe unten*).

### DIE CHOP-AND-DROP-METHODE

Damit verbessern Sie Böden rasch und unkompliziert. Befreien Sie Ihr Gemüse gleich bei der Ernte von nicht essbarem Pflanzenmaterial (Blätter, Strünke, Wurzeln etc.) und hacken oder reißen Sie dieses in kleine Stücke. Diese Reste verteilen Sie gleich wieder auf der Fläche, damit die darin enthaltenen Nährstoffe wieder dem Boden zugutekommen. Wenn ich beispielsweise Kopfkohl ernte, schneide ich die Pflanze ab, entferne die lockeren äußeren Blätter, zerkleinere sie und werfe sie auf die Erde. Dünnlagig auf dem Boden verteilte Pflanzenreste zersetzen sich im Beet schneller als im Komposter. Man kann noch andere nährstoffreiche Materialien verteilen. Geeignet dafür sind gehackte Beinwell-, Brennnessel- und Ampferblätter sowie Grasschnitt ohne Reste von chemischen Mitteln. Haben sie sich zersetzt, kommt frisches Material darauf.

### TOPFERDE

Nach der Ernte von Kartoffeln oder anderen Knollen gibt man die Erde wieder in das Gefäß, mischt aber ein paar große Handvoll Komposterde dazu. Bei Töpfen mit anderen Nutzpflanzen wie Hülsenfrüchtler und Blattsalaten reicht es, nach der Ernte eine Schaufel Komposterde zuzugeben. Topfpflanzen profitieren auch von selbst gemachtem Flüssigdünger, denn in ihrem Substrat sind wegen des geringen Volumens nicht so viele nützliche Mikroorganismen enthalten wie in Hochbeeten oder im Freiland.

### VORAUSSCHAUEND ARBEITEN

Wenn Sie genug Komposterde für ein jährliches Mulchen der Beete haben und die Chop-and-drop-Methode praktizieren, brauchen Sie nicht auch noch Flüssigdünger auszubringen. Sie sollten in den nächsten Jahren in Hoch- und Freilandbeeten stattdessen mit der Fruchtfolge arbeiten, um den Boden nicht auszulaugen und bodenbürtige Krankheiten zu vermeiden. Die verschiedenen Gemüsearten kommen dabei jedes Jahr an einen anderen Platz (siehe Seite 168–169).

**Um die Bodengesundheit zu verbessern,** verteilen Sie im Herbst Komposterde auf der Anbaufläche (*oben links*), mulchen Gemüse wie diesen Spinat, der den Winter über im Beet bleibt, mit Herbstlaub (*unten*) und arbeiten mit der Chop-and-drop-Methode (*oben rechts*).

# SCHÄDLINGE UND KRANKHEITEN

EINEN GARTEN OHNE SCHÄDLINGE UND KRANKHEITEN GIBT ES NICHT. ICH HALTE MEINE PFLANZEN ABER MIT ALLERLEI BIOLOGISCHEN STRATEGIEN RECHT GESUND.

# SCHNECKEN

Diese schleimigen Kriecher kennen bei Gemüse keine Gnade und vernichten schlimmstenfalls eine ganze Reihe von Sämlingen über Nacht. Ich gehe gegen Schnecken vorbeugend vor und lasse der Prävention Taten folgen.

## DEFENSIVES VORGEHEN

Schnecken zu dezimieren ist nicht allzu schwierig. Langfristig funktionieren defensive Strategien am besten. Dazu gehört die Errichtung von Hindernissen, damit die Weichtiere nicht zu den Nutzpflanzen gelangen, aber auch die Kräftigung von Gewächsen nach dem Umsetzen ins Freiland. Am meisten Schutz brauchen die noch zarten Sämlinge, denn sie sind für Schnecken der größte Leckerbissen.

Vorsicht ist besser als Nachsehen, heißt es – das gilt auch für den Start in die Anbausaison. Die folgenden einfachen Maßnahmen machen Ihre Anbaufläche und die dort wachsenden Pflanzen für Schnecken relativ unattraktiv. Dadurch haben Sie langfristig weniger Schäden zu befürchten.

### AUSSAAT IN MULTITOPFPLATTEN

Schnecken machen sich am liebsten über kleine Sämlinge her, weil sie die saftigsten Blätter und Triebe haben. Durch Aussaat in Multitopfplatten unter Glas durchlaufen die Pflanzen ihr empfindlichstes Stadium schnell in geschützter Umgebung. Mit der Zeit wird ihr Laub härter und ist damit nach dem Auspflanzen für Schnecken nicht mehr so verlockend. Wenn Schnecken in Ihrem Garten ein Problem sind, säen Sie Kohlgewächse und Blattsalate in Multitopfplatten auf der Fensterbank aus und lassen Sie sie dort, bis sie relativ groß sind. Eine Salatpflanze mit zehn Blättern hält Schneckenattacken wesentlich länger stand als sehr junge Pflänzchen mit nur zwei, drei Blättern.

### GUT JÄTEN

Schnecken verstecken sich gern im Laub von Unkraut. Wer im Küchengarten oder in dessen Umgebung immer gründlich jätet, bietet den Tieren weniger Unterschlupfmöglichkeiten, aus deren Schutz sie nachts über das Gemüse herfallen können. Um wirkungsvoll Unkraut zu jäten, nutzen Sie meine Tipps auf Seite 124.

### GRAS KURZ HALTEN

Schnecken verstecken sich tagsüber im hohen Gras, wo es relativ dunkel und feucht ist. Halten Sie daher Graswege um die Beete herum oder zwischen ihnen so kurz wie möglich und schneiden Sie auch die Kanten regelmäßig.

### VERSTECKMÖGLICHKEITEN ENTFERNEN

Schnecken verkriechen sich gern unter alten Holzstücken oder Töpfen, die auf dem Boden herumstehen. In ungepflegten Gemeinschaftsgärten sehe ich sie überall. Räumt man diese Schneckenrefugien weg, zeigt die Schneckenfalle aus Karton (siehe Seite 162) wesentlich mehr Wirkung.

### HINDERNISSE SCHAFFEN

Schnecken kriechen nicht gern über spitzes Material. Errichten Sie deshalb um Ihre Pflanzen eine Barriere aus 30 cm langen Brombeerruten oder anderen stacheligen Zweigen. Brombeertriebe sind selbst in Städten relativ leicht kostenlos aufzutreiben – halten Sie auf Brachland oder verwilderten Grundstücken Ausschau danach. Ich habe mit dieser Methode viel Erfolg, rate Ihnen jedoch, beim Errichten der Hindernisse aus Brombeerruten dicke Handschuhe zu tragen, sonst wird es schmerzhaft!

**Nacktschnecken** (*oben links, oben rechts*) und Gehäuseschnecken (*unten*) gibt es in allerlei Variationen. Indem Sie Unkraut jäten und Gras mähen, nehmen Sie ihnen ihre Versteckplätze.

## OFFENSIVES VORGEHEN

Selbst wenn Sie alle vorbeugenden Maßnahmen gegen Schnecken ergriffen haben, werden Sie noch einige der hungrigen Kreaturen auf der Suche nach Essbarem durch Ihren Garten kriechen sehen. Ich weiß nicht, ob es so etwas wie einen schneckenfreien Garten gibt. Die folgenden Methoden sind meiner Erfahrung nach am besten geeignet, Schnecken loszuwerden, ohne Geld dafür auszugeben.

### TASCHENLAMPE UND EIMER

Schleichen Sie in einer warmfeuchten Nacht mit Taschenlampe und Eimer durch den Garten und suchen Sie Ihr Grün nach den Tieren ab. Sie sitzen gern auf der Unterseite von Blättern, zwischen Pflanzen und auf Trieben. Streifzüge mit Lampe gehören zu den wirksamsten Methoden, die Schneckenpopulation zu dezimieren. Wenn Sie drei Nächte hintereinander auf Patrouille gehen, werden Sie einen beträchtlichen Rückgang der Schneckenzahlen feststellen.

### KARTONFALLE

Die Erfolgsrate bei dieser Falle ist hoch. Legen Sie am Nachmittag Kartonbögen auf den Boden. Dreht man sie am nächsten Morgen um, kann man die Schnecken darunter absammeln. Das funktioniert besonders gut nach Regenschauern, da das feuchte Milieu unter den Kartons den Tieren behagt. Nicht auslegen sollte man die Kartons jedoch, wenn man ein, zwei Tage keine Zeit hat, die Schnecken einzusammeln, sonst lockt man sie nur an.

1

2

REICHEN DEFENSIVE MASSNAHMEN NICHT, MÜSSEN SIE EVENTUELL NOCH OFFENSIV GEGEN SCHNECKEN VORGEHEN.

3

4

### BIERFALLEN

Mit dieser einfachen Falle wird übriges bzw. schales Bier bestens genutzt, denn Schnecken scheinen einen guten Schluck zu schätzen. Bierreste lassen sich bei Freunden und Verwandten auftreiben, vielleicht steht ja auch bei Ihnen die eine oder andere angebrochene und vergessene Flasche herum. Eine Bierfalle ist schnell gemacht und noch am selben Abend eingerichtet. Sie sollte aber nur zum Einsatz kommen, wenn schwere Schneckenschäden zu verzeichnen sind und Sie keine Zeit haben, mit der Taschenlampe durch den Garten zu streifen oder Kartons auszulegen.

**1.** Ein sauberes Glas oder einen großen, ausgespülten Joghurtbecher so in der Erde versenken, dass der Rand 3 cm über die Oberfläche hinausragt und keine Käfer hineinfallen können. In etwa 30 cm Entfernung von jungen Pflanzen platzieren, die Schäden durch Schneckenfraß zeigen.

**2.** Den Behälter zu etwa drei Vierteln mit Bier füllen.

**3.** Bei Regen ein kleines Dach aus einem Stück Holz oder Karton auf vier in die Erde gedrückte Stöcke legen. Falle über Nacht stehen lassen.

**4.** Am nächsten Morgen das Dach abnehmen, nachsehen, ob Schnecken im Bier ertrunken sind, die Tiere herausfischen und entsorgen.

**TIPP**

*Stellen Sie Bierfallen nur auf, wenn Sie Schneckenfraß an Ihren Pflanzen feststellen, sonst locken Sie die Tiere unnötig an.*

# WEITERE SCHÄDLINGE

Manche Nutzpflanzen sind für eine ganze Reihe hungriger Besucher wie Vögel und Raupen unwiderstehlich. Mit folgenden kostenlosen oder zumindest sehr günstigen Maßnahmen halten Sie ungebetene Gäste wirkungsvoll fern.

**a. Vögel**
Ich teile meine Beeren zwar gerne mit Vögeln, die mir im Gegenzug Schädlinge vom Hals halten, aber mehr als ihren fairen Anteil will ich ihnen nicht zugestehen. Ernten Sie Beeren immer sofort, wenn sie reif sind – vor allem die roten, auf die besonders Amseln fliegen. Spatzen vergreifen sich gern an Mangoldblättern. Hausgemachte Vogelscheuchen aus aussortierten CDs oder DVDs halten jahrelang. Fädeln Sie einfach sieben, acht Scheiben auf eine Schnur und hängen Sie sie an einem sonnigen, exponierten Platz auf. Bei Wind tanzt das an den Scheiben reflektierte Sonnenlicht durch den Garten, was die Tiere irritiert. Das funktioniert auch mit Alufolie an einem Stock, den man alle paar Tage an einer anderen Stelle platziert.

**b. Blattläuse**
Sie sitzen am frischen Wuchs und saugen den Saft der Pflanzen, was deren Wüchsigkeit und den Ertrag beeinträchtigt. Zerreiben Sie die Läuse mit den Fingern oder schneiden Sie stark befallene Teile ab.

**c. Hasen und Kaninchen**
Sie können gerade in ländlichen Gegenden schwere Schäden in Gemüsegärten anrichten. Die wohl beste Abschreckung ist ein eigener Hund, doch hält man sie auch mit lückenlosen Zäunen und Mauern fern. Lassen Sie keine Haufen aus Pflanzenresten, die ihnen als Versteck dienen, in der Nähe des Gemüsegartens liegen und schneiden Sie das Gras kurz. Eine weitere Möglichkeit, sie loszuwerden, sind Lebendfallen.

**d. Kohlfliegen**
Junge Kohlgewächse schützt man mit 10 cm großen Kohlkragen aus Karton. Schneiden Sie dazu Scheiben mit einem Loch in der Mitte und einem Schlitz zurecht und legen Sie sie um den Pflanzenhals.

**e. Kohlweißlinge**
Aus den Eiern des Kleinen Kohlweißlings schlüpfen hellgrüne, aus denen des Großen Kohlweißlings schwarz-gelb-grüne Raupen. Sie richten an Kohlgewächsen schwere Schäden an. Suchen Sie, sobald Sie die Falter sehen, die Blätter ober- und unterseits nach Eiern und Raupen ab, und zerdrücken Sie sie.

**f. Möhrenfliege**
Wenn Möhren oben vorzeitig gelb werden, liegt das meist an Möhrenfliegenlarven, die sich von den Wurzeln ernähren. Errichten Sie aus einem feinmaschigen Netz oder alten Betttuch eine mindestens 60 cm hohe Barriere um die Möhren, damit die Weibchen keine Eier mehr an die Pflanzen legen können. Manchmal treibt man auf Tauschbörsen resistente Sorten auf. Auch der dichte Anbau von Möhren zwischen Kopfsalat, Spinat und Roter Bete verringert das Befallsrisiko.

**g. Erdflöhe**
Runde Löcher im Laub von Sämlingen und älteren Pflanzen, allen voran Speiserübe und Rucola, sind oft ihr Werk. Rucola sieht dann nicht mehr appetitlich aus, ist aber noch genießbar. Meine Speiserüben haben ständig Erdflöhe, was den Ertrag aber nicht beeinträchtigt. Regelmäßiges Wässern dezimiert die Flöhe.

**h. Blattminierer**
Bei Mangold, Roter Bete und Kopfsalat kann ich mit den Fraßgängen im Laub leben. Schwer geschädigte Blätter entfernt man und wirft sie weg.

**i. Erbsenwickler**
Den Schaden entdeckt man erst, wenn die Raupen schon in den Hülsen sitzen. Säen Sie Erbsen erst im Frühsommer aus, dann haben die Wickler bereits ihre Eier gelegt, oder bauen Sie alternativ Zuckererbsen an.

a

b

c

d

e

f

g

h

i

# HÄUFIGE KRANKHEITEN UND STÖRUNGEN

Winzige Organismen in Luft und Regenwasser können Böden infizieren und Pflanzen schwächen. Als Erstes gilt es, die Ursache zu finden. Anschließend sollten Sie die von mir vorgeschlagenen Gegenmaßnahmen ergreifen.

**a. Braunfäule**
Eine frühe Kraut- und Knollenfäule schlägt in nassen und warmen Sommern zu. Es bilden sich braune Flecken auf dem Laub von Kartoffeln und Tomaten. Betroffen sind zunächst meist die unteren Blätter, später auch die oberen. Entfernen und verbrennen Sie befallenes Laub – ich schneide prophylaktisch alle Tomatenblätter bis zur ersten Frucht ab. Nasse Witterung ab der Sonnenwende kann ebenfalls zur Kraut- und Knollenfäule bei Kartoffeln und Tomaten führen. Ein später Befall breitet sich schneller aus als ein früher. Befallene Triebe und Blätter werden rasch braun und faulen. Entfernen Sie sofort das ganze Laub, ernten Sie die Kartoffeln und bauen Sie die Kartoffeln im nächsten Jahr an einer anderen Stelle an.

**b. Blütenendfäule**
Davon betroffen sind in der Regel Tomaten, doch auch Paprika und Sommerkürbisse können darunter leiden. Hauptsymptom ist ein unansehnlicher schwarzer Kreis am Fruchtende. Oft ist unregelmäßige Wasserzufuhr die Ursache. Ich rate zu einem gründlichen Wässern – bei sonnigem, heißem Wetter jeden zweiten und bei verhangenem Himmel jeden dritten Tag. Hat es geregnet, wässert man erst nach zwei, drei Tagen wieder (falls es nicht ungewöhnlich heiß ist).

**c. Kohlhernie**
Diese Pilzkrankheit befällt die Wurzeln von Kohlgewächsen, die daraufhin verkrüppelt wachsen und geschwächt werden, was den Ertrag beeinträchtigt.

a

b

c

Tritt Kohlhernie auf, müssen Sie die Flächen für Ihre Gemüsearten durchwechseln (siehe Seite 168–169). Auf Beeten, auf denen die Krankheit aufgetreten ist, dürfen keine Kohlgewächse mehr angebaut werden. Wenn Sie wissen, dass der Boden infiziert ist, können Sie das Ausmaß der Schäden mindern, indem Sie das Gemüse in Töpfen vorziehen und erst auspflanzen, wenn die Setzlinge so groß wie möglich sind.

**d. Umfallkrankheit**
Davon betroffen sind Sämlinge. Sie sehen welk aus, obwohl man gut wässert, und sterben letztlich ab. Vermeiden kann man das, indem man nicht zu viel gießt und die Sämlinge nicht zu dicht wachsen lässt, sondern viel Platz zwischen ihnen lässt, damit Luft zirkulieren kann (mehr dazu auf Seite 120).

**e. Mehltau (Echter und Falscher)**
Echten Mehltau erkennt man an weißen, pulvrigen Belägen auf den Blättern (*siehe Bild unten*). Er tritt in der Regel gegen Ende der Anbausaison vor allem bei Trockenheit in erster Linie bei Kürbisgewächsen auf. Gießen Sie diese daher regelmäßig. Vernichten Sie krankes Laub, um eine Ausbreitung zu verhindern.

Falscher Mehltau kommt seltener vor und schlägt eher bei nasser Witterung zu. Er befällt meist Kohlgewächse, Rhabarber und Kopfsalat. Es bilden sich braune bis blassgrüne Flecken auf dem Laub. Die Blätter müssen sofort entfernt werden. Wässern Sie nicht zu viel, achten Sie darauf, dass beim Gießen das Laub anfälliger Arten nicht nass wird, und suchen Sie die Blätter gelegentlich nach Befallsspuren ab.

**f. Rost**
Lauchgewächse sind von dieser Krankheit besonders betroffen. Zum Glück ist sie sehr leicht zu diagnostizieren. Befallene Lauchstangen etwa sind von kleinen orangefarbenen Pusteln bedeckt, die tatsächlich Rostflecken auf Metall ähneln. Die Wüchsigkeit der Pflanze ist beeinträchtigt. Entfernen Sie infiziertes Laub rasch, damit sich der Pilz nicht ausbreiten kann.

**g. Schorf**
Er tritt in erster Linie an Kartoffeln auf, kann aber auch Pastinaken und Rote Bete befallen, vor allem in einer heißen, trockenen Saison. Man bemerkt Schorf erst, wenn man die ersten Kartoffeln erntet und die braunen Flecken auf der Schale sieht. Das Befallsrisiko können Sie senken, indem Sie regelmäßig wässern. Bei sehr trockener Witterung gießt man Kartoffeln frühmorgens und mulcht anschließend mit Karton, damit die Feuchtigkeit nicht so stark verdunstet.

d

e

f

g

# ABHILFE DURCH FRUCHTFOLGE

Baut man ein und dieselbe Gemüseart Jahr für Jahr am gleichen Standort an, können Schädlinge und Krankheitserreger im Boden überhandnehmen. Wenn Sie Gemüse mit ähnlichen Ansprüchen gruppieren und in jeder Saison gemeinsam an einem anderen Platz kultivieren, sorgen Sie für gesunde Böden und Pflanzen.

Neulinge unter den Gemüsegärtnern, die gerade erst ein Beet angelegt haben, sollten gleich von Anfang an Fruchtfolge praktizieren. So erhalten sie die Gesundheit ihrer Böden und verhindern das Überhandnehmen von Schädlingen. Bei der Fruchtfolge geht es darum, die Anbaufläche in mehrere Abschnitte zu unterteilen und Gemüsearten, die ähnliche Bedingungen bevorzugen und von ähnlichen Schädlingen befallen werden, etwa Kohlgewächse, zu Gruppen zusammenzufassen. Im Jahr darauf kommen diese Kohlgewächse auf eine Fläche, auf der vorher eine andere Gruppe gewachsen ist, z. B. Bohnen und Erbsen. Das verwirrt einerseits Schädlinge, da man ihnen ihre Wirtspflanzen entzieht, und tut andererseits den Kohlgewächsen gut, weil sie an ihrem neuen Platz viel Stickstoff im Boden vorfinden, den die Wurzeln der Hülsenfrüchte hinterlassen haben.

**DREIJAHRESPLAN**

Für den Anfang schlage ich eine sehr simple Fruchtfolge vor, bei der das Gemüse zu den folgenden drei Gruppen zusammengefasst wird:
**Gruppe 1** Wurzelgemüse und Kartoffeln
**Gruppe 2** Kohlgewächse und Blattsalate
**Gruppe 3** Hülsenfrüchte, Lauch- und Kürbisgewächse

Der Plan sieht vor, dass die Gruppen in einem Dreijahreszyklus rotieren. Jedes Jahr kommen sie in einen anderen Abschnitt. Am vierten Jahr sind sie wieder dort angelangt, wo sie im ersten Jahr waren. Das Schaubild (*rechts*) veranschaulicht, in welchen Beeten welches Gemüse wächst. Es müssen jedoch keine eigenen Beete sein – Hauptsache, Sie haben drei separate Abschnitte und halten sich an den Plan.

**1. JAHR**

| Beet 1 | Beet 2 | Beet 3 |
|---|---|---|
| Wurzelgemüse und Kartoffeln | Kohlgewächse und Blattsalate | Hülsenfrüchte, Lauch- und Kürbisgewächse |

**2. JAHR**

| Beet 1 | Beet 2 | Beet 3 |
|---|---|---|
| Hülsenfrüchte, Lauch- und Kürbisgewächse | Wurzelgemüse und Kartoffeln | Kohlgewächse und Blattsalate |

**3. JAHR**

| Beet 1 | Beet 2 | Beet 3 |
|---|---|---|
| Kohlgewächse und Blattsalate | Hülsenfrüchte, Lauch- und Kürbisgewächse | Wurzelgemüse und Kartoffeln |

**REDUZIEREN DER FRUCHTFOLGE**

Wer bereits zwei oder drei Jahre lang eigenes Gemüse anbaut, kann bei manchen Arten, die nicht so oft wie andere von Schädlingen und Krankheiten befallen werden, die Fruchtfolge reduzieren. Dazu gehören Kopfsalat (und generell Blattsalate), Stangenbohnen und Sommerkürbisse. Sie an ein und demselben Platz zu lassen kann Zeit sparen und erleichtert die Planung für das übrige Gemüse. Wenn man beispielsweise Stangenbohnen nicht mehr jedes Jahr an einen anderen Standort versetzen muss, kann man eine tragfähige Stütze für sie bauen, die den Winter über stehen bleibt und im nächsten Jahr wieder zum Einsatz kommt.

Ab dem dritten Jahr sollten Sie durchgehend mit eigener Komposterde versorgt sein (siehe Seite 62) und einen sehr gesunden Freilandboden haben. Deshalb können Sie die Fruchtfolge ab diesem Zeitpunkt einschränken – aber nur, wenn keine ernsthaften Krankheiten, etwa in einem nassen Sommer die Kraut- und Knollenfäule an Kartoffeln, die Kohlhernie oder Schädlinge wie die Möhrenfliege aufgetreten sind. Kommt es zu einem Befall, müssen die befallenen Arten im nächsten Jahr umziehen.

FRUCHTFOLGE IST EINE TRADITIONELLE ANBAUMETHODE, DIE DEN EINSATZ VON CHEMIE ÜBERFLÜSSIG MACHT.

**NÜTZLICHE INSEKTEN ANLOCKEN**

Ich lasse gern ein paar einjährige Gemüsepflanzen Blüten ansetzen, denn mit ihren Pollen locke ich nützliche Insekten an. Knollenfenchel (*siehe unten*) ist ein Gemüse, auf das ich in diesem Buch nicht eingehe, das Sie aber gern einmal ausprobieren können, wenn Sie mehr Erfahrung haben. Er bildet prächtige Blüten, die Bestäuber auf den Plan rufen. Hummeln wiederum stehen auf die schönen Blütenstände von Lauch. Beim Besuch in Ihrem Garten schauen die Nützlinge auch bei anderen Gemüsepflanzen wie Kürbissen vorbei, die getrennt männliche und weibliche Blüten tragen. Wenn sie beide nacheinander anfliegen, findet eine Bestäubung statt.

# WEITERE PROJEKTE

SOBALD SIE EINEN FLORIERENDEN GARTEN HABEN, DER GUTE ERTRÄGE LIEFERT, KÖNNEN SIE WEITERFÜHRENDE PROJEKTE IN ANGRIFF NEHMEN.

# INVESTITIONEN

Für den Anbau passabler Mengen Gemüse, Kräuter und Obst brauchen Sie kaum Geld, Werkzeug allerdings gibt es selten umsonst. Mit dem Verkauf von Selbstgezogenem schaffen Sie sich die nötigen Mittel dafür an.

Im ersten Jahr scheint zunächst nur wenig voranzugehen. Aber sobald Sie die erste Ernte eingefahren haben, ist der schwierigste Teil geschafft. Beim erfolgreichen Anbau von Nutzpflanzen kommt es darauf an, die richtige Technik zu finden, passendes Material aufzutreiben, gute Ideen zu haben und entsprechend zu handeln.

Je mehr Kontakte Sie außerdem zu Gleichgesinnten knüpfen, desto leichter regelt sich alles und desto mehr Spaß macht das Ganze. Dabei dürfen Sie sich aber keinesfalls mit unrealistischen Zielen selbst unter Druck setzen. Ich unterteile meine Aufgaben und Projekte gern in kleine, leicht erreichbare Etappen. So kann ich viele Erfolgserlebnisse verzeichnen, die mich enorm motivieren.

Wenn Sie eine gewisse Zeit damit verbracht haben, Ihre Fertigkeiten zu verbessern, bekommen Sie vielleicht Lust, die Erträge in die Höhe zu schrauben und sich das Leben zu erleichtern, indem Sie sich mehr Ausrüstung anschaffen, etwa ein Schutznetz oder einen neuen Spaten. Auf der Wunschliste stehen dann oft Sachen wie:

- Samen bestimmter Gemüsesorten
- weitere Werkzeuge
- ein Schubkarren
- Gießkannen
- ein Minigewächshaus oder Frühbeet
- Vogel- und Insektenschutznetze
- eine Wassertonne oder ein großer Wassertank

## PRIORITÄTEN SETZEN

Machen Sie eine Liste mit drei Dingen, die Ihnen den Anbau von Gemüse, Obst und Kräutern in Zukunft erleichtern. Nachdem diese Prioritäten festgelegt sind, sollten Sie ausrechnen, wie viel alles kostet, und das auch schriftlich festhalten. Sobald Sie beginnen, Nutzpflanzen aus eigenem Anbau zu verkaufen, schreiben Sie Ihre Einnahmen auf, damit Sie beurteilen können, wie nah Sie Ihrem Ziel sind. Ich lege einen Teil des Geldes aus dem Verkauf von Nutzpflanzen als Notpolster beiseite, falls Saatgut in letzter Minute angeschafft oder Werkzeug repariert werden muss. In der Zwischenzeit bekommt man oft Gelegenheit, gut gepflegte, gebrauchte Dinge wie stabile Schubkarren zu erstehen. Die sollten Sie sich nicht entgehen lassen – meist profitieren Sie davon. Oft wird man in Gebrauchtwarenläden fündig, wo mitunter Werkzeug bester Qualität zu bekommen ist.

## EINE GUTE INVESTITION

Wasser ist bei der Nutzpflanzenkultur unerlässlich. Deshalb sollten Sie sich unbedingt einen IBC-Container, einen großen Wassertank, anschaffen. Vielleicht bekommen Sie ihn gebraucht bei einer Firma in Ihrer Nähe und können ihn sich günstig liefern lassen. Manche dieser Tanks wurden allerdings zur Aufbewahrung von Gefahrgutstoffen verwendet. Klären Sie vor dem Kauf immer ab, ob die Behälter noch Reste davon enthalten. Vor dem Aufstellen spülen Sie den Container gründlich aus und schließen ihn dann an die Dachrinne an.

Ein 1000-Liter-IBC voller Regenwasser ist für Gartenbesitzer Gold wert. Es gibt einem einfach Sicherheit, zu wissen, dass man seine Pflanzen immer ordentlich gießen kann, auch in den wärmsten Monaten der Saison. Ein IBC-Tank hält viele Jahre lang.

**Wenn Sie sich Werkzeuge und Geräte** anschaffen möchten, verkaufen Sie Obst und Gemüse. Auf meiner Liste ganz oben stehen immer Schubkarren, Tanks und Fässer.

**Überschüsse**, etwa Kürbisse (*oben links*), kann man gut verkaufen oder eintauschen. Auch Setzlinge von leicht zu kultivierenden Pflanzen wie Grünkohl (*unten rechts*), Stangenbohnen (*unten links*) oder Erdbeeren (*oben rechts*) lassen sich meist problemlos unter die Leute bringen.

# WAS VERKAUFEN?

Was soll ich verkaufen, um Mittel für Anschaffungen aufzutreiben? Bei dieser Frage ist es hilfreich, sein Angebot in zwei Kategorien zu unterteilen: Pflanzen und Geerntetes. In den ersten Jahren sollten Sie sich auf die Pflanzen konzentrieren.

Der Verkauf von Pflanzen, die durch Aussaat oder Stecklinge vermehrt wurden, ist wesentlich lukrativer als der von Obst und Gemüse, in das viel Zeit und Energie gesteckt wurde. Außerdem kosten Samen von eigenen Pflanzen und Stecklinge nichts.

## PFLANZEN VERKAUFEN

Als Erstes müssen Sie herausfinden, welche der Pflanzen, die Sie selbst vermehren können, sich am besten verkaufen. Ebenfalls überlegen sollten Sie, welche am wenigsten Arbeit machen. Hier fünf Nutzpflanzen bzw. Pflanzengruppen, die ich empfehle:

### Rosmarin

Sein Duft kommt immer gut an. Von älteren Sträuchern lassen sich jedes Jahr Dutzende Stecklinge nehmen (siehe Seite 96–97). Verkauft werden können sie, sobald sie ein Jahr alt sind. Höhere Preise erzielen zweijährige Exemplare. Ebenfalls beliebt ist die Zitronenverbene: Wer daran riecht, muss sie haben.

### Tomaten

Tomatensamen sind so zahlreich und leicht zu bekommen (siehe Seite 149), dass Sie am Schluss mit wesentlich mehr Pflanzen dasitzen, als Sie brauchen. Eine gute Strategie ist die Aussaat von Samen im Spätwinter. So sind sie genau dann verkaufsbereit, wenn die Nachfrage nach ihnen am größten ist.

### Kohlgewächse

Einfacher lässt sich Gemüse kaum aussäen und kultivieren. Man bietet die Pflänzchen in Kartonrollen an, mit denen sie sofort eingepflanzt werden können. Besonders der Verkauf von Grünkohlsetzlingen lohnt sich, denn seine Samen sind leicht in großer Zahl zu bekommen. Ziehen Sie Pflänzchen für Abnehmer, die keinen Platz haben, selbst welche auszusäen.

### Erdbeeren

Wie einfach sie sich vermehren lassen, habe ich bereits erläutert (siehe Seite 106–109). Ich schlage vor, Sie vermehren pro Jahr 40 bis 50 Pflänzchen durch Ableger. Damit haben Sie genug, um etwas Geld mit dem Verkauf zu verdienen und den Rest als Tauschobjekt zu nutzen.

### Erbsen und Bohnen

Sie lassen sich wie Kohlgewächse sehr leicht in kleinen Töpfen oder Kartonrollen heranziehen. Besonders beliebt sind Stangenbohnen. Sammeln Sie genug Samen für den Eigenbedarf und lassen Sie ein paar übrig, die Sie aussäen und als Setzlinge verkaufen. 20 Erbsenpflanzen liefern mir über 700 Samen – kein schlechtes Ergebnis!

## GEERNTETES VERKAUFEN

Wenn Sie eine Schwemme eines bestimmten Gemüses haben, sollten Sie Überschüssiges verkaufen. Falls Sie sowieso einen Verkauf planen, schlage ich diese äußerst ertragreichen Pflanzen vor:

- Zucchini und andere Kürbisgewächse
- Wurzelgemüse
- Rhabarber
- Kartoffeln und Topinambur
- Zwiebeln, Lauch und Knoblauch

### GESCHÜTZTES SAATGUT

Neue Züchtungen sind manchmal durch Patente geschützt und dürfen nicht vermehrt werden. Vermeiden Sie Probleme, indem Sie nur freie Traditionssorten aussäen und die Sorte auf dem Etikett immer angeben.

# WIE VERKAUFEN?

Bevor Sie mit dem Verkaufen anfangen, brauchen Sie einen Stand, an dem Sie Ihre Pflanzen und Ihr Gemüse auslegen. Beim ersten Mal kriegen Sie es vielleicht nicht optimal hin, aber Sie werden schnell ein passendes System finden.

Der Verkauf von Selbstgezogenem in kleinem Rahmen ist zwar kein Gewerbe an sich, doch empfehle ich, dass Sie sich bei den Behörden erkundigen, welche Voraussetzungen zu erfüllen sind. Es gibt Unterschiede, je nachdem, ob Sie gelegentlich etwas frisch vom Beet, aus der Garage oder regelmäßig auf Wochenmärkten verkaufen. Eventuell müssen Sie den Verkauf anmelden und Steuern zahlen. Es versteht sich von selbst, dass auch bestimmte lebensmittelhygienische Auflagen zu beachten sind. Informieren Sie sich dazu bei den zuständigen Ämtern.

**PREISPOLITIK UND BEZAHLUNG**

Was soll man verlangen? Die Entscheidung ist nicht einfach, doch gibt es zwei Preisstrategien, die sich bewährt haben. Sie können Ihre Kunden in einem freundlichen Ton bitten, den Preis zu bezahlen, den sie für angemessen halten, was ein gewisses Vertrauen voraussetzt. Bei den meisten Verbrauchern steht Selbstgezogenes in hohem Ansehen, weshalb sie auch bereit sind, gut dafür zu bezahlen. Wenn Sie weniger bekommen, als Sie erwartet haben, können Sie auch für jedes Erzeugnis einen »Spendenvorschlag« auf ein Schild schreiben.

Am einfachsten ist das Einnehmen von Geld mit einer Vertrauenskasse, in die Kunden freiwillig Geld werfen – ähnlich wie bei Selbstpflückfeldern. Leider sind nicht alle ehrlich (ich weiß das aus eigener Erfahrung). Man kann Verluste aber minimieren, indem man das Geld täglich einsammelt und das feilgebotene Obst und Gemüse nachts nach drinnen bringt.

Vielleicht wollen Sie statt Obst und Gemüse auch nur Pflänzchen anbieten, da deren Verkauf mehr einbringt und die Hemmschwelle, etwas ohne Bezahlung mitgehen zu lassen, bei ihnen höher ist. Frische Tomaten kann jeder brauchen, Bohnensämlinge nur diejenigen, die sie auch tatsächlich anpflanzen wollen.

**WAREN AUSSTELLEN**

Ich empfehle einen Stand mit Dach oder zumindest eine Gemüsekiste mit Deckel – klatschnasse Pflanzen sehen nach Schauern nicht immer appetitlich aus. Das sollten Sie bei einem Standverkauf zudem beachten:

- Bieten Sie nur frische Ware an. Was nicht lange hält, etwa Salate, muss nach spätestens zwei Tagen weg.
- Bürsten Sie Erdreste vom Gemüse, aber waschen Sie es nicht.
- Verkaufen Sie nur zu 100 Prozent gesunde Pflanzen ohne sichtbare Mängel und Schäden.

**BUCH FÜHREN**

Schreiben Sie auf, was und wie viel Sie verkaufen. So lernen Sie abzuschätzen, was in Ihrer Gegend gefragt ist, und können anbauen oder vermehren, wonach am meisten Nachfrage besteht. Zudem erfahren Sie so, wie viel Sie bereits eingenommen haben und für künftige Projekte und Werkzeuge ausgeben können.

**SAISONALE GEMÜSEKISTEN**

Wenn Sie genug Anbaufläche und mindestens drei Jahre Erfahrung haben, überlegen Sie, ob Sie nicht eine Lieferung von Gemüsekisten frei Haus anbieten. Verwandte, Nachbarn oder Freunde bezahlen einen festen Betrag und bekommen dafür alle ein, zwei Wochen eine Kiste mit saisonalen Erzeugnissen geliefert. Diesen Service kann man im Sommer und Herbst anbieten, wenn der Garten am meisten hergibt. Der Vorteil: Sie haben feste Einnahmen. Was bei Vertrauenskassen nicht immer der Fall ist.

**Ich verkaufe Obst, Gemüse** und Setzlinge zugleich und stelle dafür eine Vertrauenskasse auf.

**TIPP**

*Nehmen Sie sich Zeit für Ihr Verkaufsarrangement. Potenzielle Kunden bleiben viel eher stehen und kaufen frisch geerntetes, sauberes Gemüse, wenn es ansprechend präsentiert wird.*

DIE ERSTE TAUSCHBÖRSE IST IMMER DIE SCHWIERIGSTE – WIE DAS ERSTE JAHR IN EINEM NEUEN GARTEN. DIE ZWEITE WIRD WESENTLICH LEICHTER.

**Bieten Sie auf einer Tauschbörse** immer auch eine Auswahl Ihrer eigenen Erzeugnisse und Pflanzen an, etwa eingetopfte Erdbeer- und Tomatenpflänzchen (*oben*) oder die Samen von Stangenbohnen (*links*).

# SAMEN- ODER PFLANZENTAUSCH-BÖRSEN ORGANISIEREN

Wenn es in Ihrer Gegend keine Samen- oder Pflanzentauschbörse gibt, richten Sie doch selbst eine aus! Die Erfolgschancen stehen gut, denn viele Gartenbesitzer haben Überschüsse und halten gern Ausschau nach Neuem.

Eine Tauschbörse ist die ideale Gelegenheit, überschüssige Samen und Pflanzen aus dem eigenen Garten loszuwerden und Gleichgesinnte zu treffen. Manchmal entdeckt man dort sogar schwer erhältliche Sorten, nach denen man lange gesucht hat. Der ideale Zeitpunkt für Tauschbörsen ist das zeitige Frühjahr, wenn jeder überlegt, was er anbauen soll, aber noch niemand richtig damit angefangen hat. Am gefragtesten sind Pflanzenbörsen im April und Mai. Und so organisieren Sie selbst eine Börse:

**1. Kontaktieren Sie Gartenbesitzer vor Ort**
Zusammenarbeit ist der Schlüssel zu einer erfolgreichen Tauschbörse. Setzen Sie sich mit örtlichen Gartenbauvereinen in Verbindung, um zu erfahren, ob jemand interessiert ist, Sie bei der Organisation zu unterstützen. Drei Leute sollten es schon sein – auf viele Hände verteilte Arbeit ist leichte Arbeit.

**2. Finden Sie einen Veranstaltungsort**
Gemeinde- und Pfarrzentren oder Kleingartenanlagen mit Gemeinschaftsräumen sind ideale Orte für Tauschbörsen. Viele freuen sich als Gegenleistung über eine Spende, außerdem kann man eine Tombola zu ihren Gunsten veranstalten. Wichtig sind gute Erreichbarkeit und Parkgelegenheiten vor der Tür.

**3. Treiben Sie Spender auf**
Anfragen bei Gärtnern, Gartencentern und Samenhändlern werden oft positiv beschieden. Die meisten Gärtner geben gern Saatgut weiter. Manche Unternehmen spenden außerdem Posten, die sich nicht mehr verkaufen lassen. Gartencenter verschenken vielleicht Päckchen, deren Verfallsdatum abgelaufen ist, oder stellen vielleicht sogar Räume zur Verfügung.

**4. Laden Sie Redner ein**
Machen Sie die Tauschbörse zum Event, indem Sie Redner organisieren, die 10-minütige Vorträge halten, oder bitten Sie engagierte Experten aus der Gemeinde, an einem Beratungstisch Rede und Antwort zu stehen. Mit einem kleinen Geschenk wie einer Flasche Wein können Sie Ihre Dankbarkeit zeigen.

**5. Rühren Sie die Werbetrommel**
Damit möglichst viele mitmachen, sollten Sie den Termin auf ein Wochenende legen, etwa einen Samstagmorgen, und die Veranstaltung mindestens sechs Wochen vorher bekannt geben. E-Mails an Gartenbauvereine, Plakate und Veranstaltungshinweise in den sozialen Medien sind wirkungsvolle Werbemittel. Vielleicht gibt sogar ein örtlicher Radiosender den Termin bekannt oder interviewt Sie.

**6. Der große Tag!**
Das Saatgut muss gut sortiert und separat in Kisten ausgestellt auf Tischen präsentiert werden. Vergessen Sie nicht, Spendenboxen aufzustellen, damit auch Leute, die nichts zum Tauschen mitgebracht haben, teilnehmen können. Mindestens zwei Personen Ihres Teams sollten das gespendete Saatgut sortieren helfen und Fragen beantworten. Es versteht sich von selbst, dass Sie die Örtlichkeit nach dem Ende der Veranstaltung in tadellosem Zustand verlassen.

**7. Feedback**
Ist alles weggeräumt, setzen Sie sich mit Ihrem Team ein paar Minuten zusammen, um Bilanz zu ziehen. Finden Sie heraus, was gut gelaufen ist und was nicht, dann wird die Tauschbörse im nächsten Jahr ein noch größerer Erfolg.

# DIE ANBAUFLÄCHE VERGRÖSSERN

Mit dem Eigenanbau von Obst und Gemüse erweitern Sie Ihren Horizont, eignen sich neue Fertigkeiten an und gewinnen Vertrauen. Sobald Ihr Nutzgarten etabliert ist, können Sie überlegen, ob Sie Ihre Aktivitäten ausweiten.

Kleine, gut geplante Anbauflächen sind oft überraschend produktiv und liefern viel Gemüse. Wer seinen Garten jedoch ausweitet, kann mehr Experimente wagen und neue Projekte in Angriff nehmen.

Wenn Sie schon eine Weile einen Nutzgarten bewirtschaften und mit ausreichend Erfahrung ausgerüstet sind, um potenzielle Probleme lösen zu können, kann die Aussicht auf neue Gartenabenteuer sehr verlockend sein. Aber seien Sie gewarnt: Bevor Sie eine neue Fläche bepflanzen, lesen Sie sich die folgende Liste durch und fragen Sie sich selbstkritisch:

- Haben Sie noch Zeit für neue Projekte?
- Haben Sie den Ertrag bereits mit Folgesaaten optimiert (siehe Seite 42)?
- Haben Sie einen guten Kompostkreislauf?
- Haben Sie genug Werkzeug und Wasser?
- Tragen Sie sich schon seit Längerem mit dem Gedanken, Ihren Garten zu erweitern?

## NEUE FLÄCHEN BEWERTEN

Wenn Sie auf alle Fragen wahrheitsgemäß mit Ja antworten können, wird es Zeit, entweder die Anbaufläche im eigenen Garten zu erweitern, zum Beispiel durch Anlegen neuer Hochbeete, oder einen neuen Standort zu finden, an dem Sie einen weiteren Garten anlegen können. Bewerten Sie neue Flächen immer nach der GWABZ-Methode (siehe Seite 14). Besonders wichtig ist die Nähe zu Ihrem jetzigen Garten, denn vielleicht müssen Sie ein paar Schubkarren Komposterde dorthin transportieren oder Werkzeug hin und her schaffen. Wenn Sie auf fremden Grundstücken etwas anbauen, sollten Sie den Besitzern Ihren eigenen Garten zeigen, damit sie sicher sein können, dass Sie Unkraut keine Chance lassen!

## ZWEI GÄRTEN BEWIRTSCHAFTEN

Der Garten, der Ihrer Wohnung am nächsten liegt, eignet sich am besten für rasch wachsendes Gemüse, das regelmäßig geerntet werden muss, beispielsweise Blattsalate, Grünkohl und Wurzelgemüse. Die Außenstelle dagegen ist ideal für Pflanzen, die wenig Aufmerksamkeit brauchen, etwa Lauch, Bohnen und mehrjährige Gewächse. Komposterde und Wasser lassen sich nur schwer transportieren, weshalb Sie zuerst einen oder zwei neue Komposter anlegen und mehrere Wasserspeicher aufstellen sollten. Im ersten Jahr können Sie gleich mit dem Befüllen eines neuen Komposters beginnen und Mehrjährige aus eigenen Beständen in Ihren zweiten Garten verpflanzen. Mit dem Anbau von Einjährigen warten Sie besser bis zum zweiten Jahr.

Bei der Selbstversorgung mit Obst und Gemüse müssen viele kleine Schritte getan werden, die aber sehr schnell zu beträchtlichen Erträgen führen. Wenn Sie etwas Geld mit Verkäufen eingenommen haben, können Sie sich auch größere Mengen Komposterde an den neuen Standort liefern lassen. Die Preise sind meist erschwinglich – und der Garten kommt so noch schneller in Schwung.

### MEHR KOMPOSTERDE

Ich rate Ihnen, erst dann eine neue Fläche für den Anbau zu erschließen, wenn Ihr Kompostsystem auf vollen Touren läuft. Sie nutzen Ihre Zeit und den vorhandenen Platz sinnvoller, wenn Sie zuerst weitere Komposter einrichten. Kostenlose Zusatzkomposter können Sie aus recycelten Paletten zimmern (siehe Seite 60–61). Sie werden mit Material beschickt, das sich vor Ort beschaffen lässt, etwa indem Sie Nachbarn einen Behälter (mit Deckel) für Küchen- und Gartenabfälle zur Verfügung stellen.

**In kleinen, gut organisierten Gärten** sind Veränderungen normalerweise kaum möglich. Mit einer weiteren Anbaufläche bekommen Sie neue Kapazitäten und werden flexibler.

# DREIJAHRES-PLAN

Hier sind die einzelnen Etappen auf dem Weg zum kostenlosen Gärtnern zusammengefasst. Arbeiten Sie sich Schritt für Schritt voran, gewinnen Sie neues Know-how und fühlen Sie Ihr Selbstvertrauen nach jeder erfolgreichen Ernte wachsen.

Wie genau Sie sich an den Dreijahresplan halten, liegt ganz bei Ihnen. Er ist als Checkliste gedacht, die Ihnen hilft, alle Möglichkeiten auszuschöpfen und eventuell auftretende Probleme zu vermeiden. Ich habe ihn kurz und knapp gehalten. Seitenverweise bringen Sie direkt zu den jeweiligen Informationen und Anleitungen.

### IN EINFACHEN SCHRITTEN ZUM ERFOLG

Im ersten Jahr müssen Sie sich am stärksten ins Zeug legen, dafür bekommen Sie aber auch den meisten Lohn. Fangen Sie mit kleinen Schritten an und unterteilen Sie komplexe Aufgaben in Etappen, die leicht zu bewältigen sind. Ich kann Ihnen diese Strategie gar nicht oft genug ans Herz legen. Sie gehen wesentlich motivierter ans Werk, wenn Sie anstelle einer einzigen gewaltigen Aufgabe viele kleine von der Liste streichen können.

Am Ende des dritten Jahres werden Sie schon auf viel Erfahrung zurückgreifen können und einen funktionierenden Garten haben. Ich bin sicher, Sie müssen dann auch nicht mehr die Anleitungen auf Samenpäckchen – oder in diesem Buch hier – lesen! Ganz gleich, wie klein Ihr Garten ist, er wird Sie mit viel gesundem Obst und Gemüse versorgen – vermutlich früher, als Sie denken. Auf dieser Seite bekommen Sie einen Überblick. Los geht's!

## JAHR 1

**1.** Finden Sie das geeignete Areal (S. 14–15).

**2.** Informieren Sie sich gut über Ihr lokales Klima und behalten Sie den Wetterbericht im Auge (S. 24–27).

**3.** Bauen Sie einen Komposter, treiben Sie kompostierbares Material dafür auf und füllen Sie ihn möglichst bald (S. 60–61 und S. 64–67).

**4.** Besorgen Sie sich Kräuterstecklinge, um später Kräuter vermehren zu können und als Tauschobjekt zur Verfügung zu haben (S. 96–97).

**5.** Bauen Sie sich einen Topfvorrat auf (S. 30–33).

**6.** Konstruieren Sie ein Hochbeet und befüllen Sie es (S. 36–39).

**7.** Setzen Sie Flüssig- und Beinwelldünger an (S. 72–74).

**8.** Säen Sie getrocknete Bohnen und anderes Material aus der Küche aus und besuchen Sie Pflanzen- und Samentauschbörsen (S. 80–83 und S. 84).

**9.** Speichern Sie Regenwasser (S. 22–23).

**10.** Suchen Sie sich drei Gemüsearten aus, von denen Sie Samen nehmen (S. 81–82 und S. 129).

**11.** Holen Sie sich ab dem Sommer mehrjährige Pflanzen von Tauschbörsen (S. 87).

## JAHR 2

**1.** Verwenden Sie die erste selbst angesetzte Komposterde als Mulch. Zu Jahresbeginn werden Beete und Töpfe mit einer 1 cm hohen Schicht gemulcht.

**2.** Praktizieren Sie Fruchtfolge (S. 168–169).

**3.** Bauen Sie noch einen (oder zwei) Komposter, um immer einen Vorrat Komposterde zu haben (S. 60–61).

**4.** Bauen Sie weitere Hochbeete und befüllen Sie sie wie auf S. 38–39 beschrieben.

**5.** Bringen Sie gesammelte Samen zu Tauschbörsen und säen Sie einen Teil davon aus, um Setzlinge zum Tauschen zu bekommen (S. 84–87).

**6.** Tauschen oder verkaufen Sie ein paar mehrjährige Kräuter, die Sie aus Stecklingen vermehrt haben (S. 96–97).

**7.** Versuchen Sie mehr Wasser zu speichern (S. 172).

**8.** Beginnen Sie Pflanzen zu verkaufen (S. 172–177).

**9.** Sammeln Sie Samen von möglichst vielen Pflanzen (S. 128–129).

**10.** Kultivieren Sie die mehrjährigen Pflanzen vom letzten Jahr (S. 88–115).

**11.** Mulchen Sie Beete und Gefäße am Saisonende 3–5 cm dick mit selbst angesetztem Kompost (S. 54).

## JAHR 3

**1.** Legen Sie, falls Sie genug Platz haben, Freilandbeete an, um die Produktion zu steigern (S. 40–41).

**2.** Vermehren Sie mehrjährige Kräuter durch Stecklinge, um einen Vorrat zum Tauschen und Verkaufen zu haben (S. 96–97).

**3.** Sobald Sie einen funktionierenden Garten haben, den Sie mühelos bewältigen, können Sie sich nach einer zusätzlichen Anbaufläche umsehen (S. 18–19 und S. 180–181).

**4.** Pflegen Sie Mehrjährige wie Erdbeeren und Johannisbeeren gut, damit sie weiter ordentlich tragen.

**5.** Vermehren Sie Erdbeeren durch Ableger, auch um sie verkaufen oder eintauschen zu können (S. 108–109).

**6.** Fangen Sie eventuell ein Gartentagebuch an, das Sie jedes Mal vor Saisonbeginn durchlesen, um aus eigenen Erfahrungen zu lernen.

**7.** Mulchen Sie Ihre Pflanzgefäße und Hochbeete weiterhin jeden Herbst mit einer rund 5 cm dicken Mulchschicht (S. 54).

# REGISTER

# H



# I



# J



# K

## T



## U



## V



## W



## Z

## WEITERFÜHRENDE INFORMATIONEN

### NÜTZLICHE WEBSITES

**Gärtnern allgemein:**
www.mein-schoener-garten.de **Alles zum Thema Gärtnern**
www.diestadtgaertner.de **Urban Gardening**
www.gruenewelle.org **Guerilla Gardening**
www.plantura.garden/gruenes-leben/aussaatkalender-wann-wird-was-ausgesaet **Ein allgemeiner Überblick über Aussaatzeitpunkte**

**Gemeinschaftsgärtnern:**
anstiftung.de/urbane-gaerten/gaerten-im-ueberblick

**Umweltschutz und Natur:**
www.bund.net **Bund Naturschutz**
www.nabu.de **Naturschutzbund Deutschland**
www.naturschutzbund.at **Österreichischer Naturschutzbund**
www.pronatura.ch **Schweizer Naturschutzorganisation**

### INSPIRATION

**Empfehlenswerte YouTube-Kanäle:**
- Anjas Garten Reich
- dergartenkanal
- Der Selbstversorgerkanal
- eintausendundein Gartentipp
- Felix Hobby Garten
- Hochbeet1x1
- Kompost&Liebe
- SelfBio
- wocomoLIVING – home and garden

**Empfehlenswerte Ratgeber von DK:**
- *Das neue Buch vom Leben auf dem Lande*, John Seymour
- *Gärtnern im Topf*, Royal Horticultural Society
- *Hochbeet*, Huw Richards
- *Mein Nutzgarten zu Hause*, Zia Allaway
- *Permakultur für Einsteiger*, Andrew Mikolajski
- *Selbstversorgung für Einsteiger*, Simon Akeroyd
- *So geht Garten – Die Basics für Einsteiger*
- *Über das Gärtnern*, Monty Don

## DANK

### Dank des Autors

Dieses Buch zu schreiben war hart, hat aber auch ungemein Spaß gemacht. Nicht möglich gewesen wäre es ohne die Unterstützung meiner Familie, Freunde und Follower. Sie waren sehr verständnisvoll und gaben mir Kraft – denn ein Gartenbuch während der Anbausaison zu schreiben ist nicht ohne!

Ich möchte dem ganzen Team von DK danken, das mich sehr unterstützt hat und meinen Traum, dieses Buch zu schreiben, Realität hat werden lassen. Insbesondere danke ich meinem Lektor Toby für seine Geduld und weil er immer dafür gesorgt hat, dass ich nie zu sehr abgeschweift bin, Stephanie, der ich alles Gute für ihre neuen Unternehmungen wünsche – ich bin unendlich dankbar für ihre Freundlichkeit und ihr sonniges Gemüt, mit dem sie mich in den letzten Jahren immer wieder zum Lachen gebracht hat. Dank auch meiner Verlegerin Mary-Clare, weil sie an mich glaubte und dafür gesorgt hat, dass das alles überhaupt möglich wurde.

Einen Tag in der Woche saß ich im Café um die Ecke, dem Old Printing Office, und schrieb an meinem Buch. Ich schätze alle, die dort waren, weil sie meine ständige, lange Anwesenheit mit so stoischer Ruhe hingenommen haben – seid gewarnt, ich komme nach wie vor jede Woche! Auch danke ich meiner Agentin Laura für ihre fortgesetzte, unschätzbare Unterstützung beim Entstehungsprozess dieses Buchs.

Ich kann gar nicht glauben, dass das schon mein zweites Buch ist, denn ich bin noch immer ganz aufgeregt, weil letztes Jahr mein erstes erschienen ist. Ich danke allen, die dieses Buch und mein Debüt, *Hochbeet: frisches Gemüse das ganze Jahr*, gekauft haben – der Erfolg hat mich von den Socken gehauen. Ich versuche möglichst vielen beim Anbau ihrer eigenen Nutzpflanzen zu helfen, und das Bücherschreiben ist ein wichtiger Teil davon. Ohne euch, meine Leser, und alle, die meine Arbeit unterstützen, wäre das nicht möglich.

Zum Schluss möchte ich meinem Vater Steven danken, in dessen Schuld ich ewig stehen werde, weil er mich zum Gärtnern gebracht hat und meinen eigenen Garten in Topzustand gehalten hat, während ich an diesem Buch gearbeitet habe. Deine Liebe, dein Fachwissen und deine Unterstützung sind unersetzlich für mich.

## Dank des Verlags
Der Verlag dankt Amy Cox für ihre Unterstützung bei der Gestaltung, Steve Crozier für die Bildretusche und Farbgestaltung, Millie Andrew für das Proofreading und Vanessa Bird für das Register. Ein weiterer Dank geht an Amy von @amyskitchengarden (Instagram) für ihre freundliche Genehmigung zur Verwendung ihrer schönen Bilder.


## Bildnachweis
Der Verlag dankt folgenden Personen und Organisationen/Institutionen für ihre freundliche Genehmigung zur Verwendung der Abbildungen:

(Abkürzungen: o=oben, u=unten, m=Mitte, r=rechts, l=links, g=ganz)

**Alamy Stock Photo:** Photos Horticultural / Avalon / Photoshot 167ur, Michael Scheer 19, Colin Underhill 92mro, veryan dale 59, Rob Walls 58ur; **Dorling Kindersley:** Peter Anderson / RHS Hampton Court Flower Show 2014 92gom, Alan Buckingham 113ul, 167ul, Mark Winwood / RHS Wisley 161gor; **Dreamstime.com:** Airborne77 64ul, Milton Cogheil 165gor, Coramueller 34ul, Jlmcloughlin 88, 99ul, Photozirka 26gol, Phana Sitti 34ur, Jason Winter 67ul; **Amy's Kitchen Garden:** 21gol, 21gor; **Getty Images:** Chn Ling Do Chen Liang Dao / EyeEm 92mu; **Huw Richards:** 4gor, 5gor, 6ul, 6ur, 7um, 7ur, 11gor, 11ur, 17ul, 18, 22, 23, 25ml, 26ul, 26ur, 28ul, 31 (a, b, d, e), 32, 33, 34gol, 34gor, 36ul, 37, 38, 39, 40, 41, 44, 47 (a, c, d, e), 48, 49gor, 55gor, 58go (a, b), 60–61, 64ur, 65ul, 66ul, 67ur, 70, 71, 73, 74, 75 (4, 5), 82, 83, 85 (gol, gor & ur), 86, 91 (gor & ur), 95, 96, 97, 98, 99gol, 100–101, 102ur, 103ul, 104–105u, 108–109 (1, 2, 3, 4), 110-111, 115, 119ur, 121, 122um, 125, 130, 131ml, 132ur, 135, 136ur, 138ur, 139, 140, 141, 142r, 144 (a, b), 146, 149u, 151 (go & ur), 153 (go & ur), 154, 155, 157u, 161u, 162–163, 167 (f), 174gol, 177–178, 180–183.

Alle weiteren Abbildungen © Dorling Kindersley
Weitere Informationen unter **www.dkimages.com**


DK Penguin Random House

DK London

**Lektorat**
Mary-Clare Jerram, Millie Andrew, Toby Mann, Jennette ElNaggar, Anna Kruger, Dawn Titmus, Stephanie Farrow

**Gestaltung und Bildredaktion**
Maxine Pedliham, Christine Keilty, Glenda Fisher, Barbara Zuniga, Amy Child

**Umschlaggestaltung**
Nicola Powling, Lucy Philpott

**Herstellung**
Heather Blagden, Stephanie McConnell

**Illustrationen** Amy Cox
**Fotos** Jason Ingram, Huw Richards

Für die deutsche Ausgabe:
**Programmleitung** Monika Schlitzer
**Redaktionsleitung** Dr. Kerstin Schlieker
**Projektbetreuung** Manuela Stern
**Herstellungsleitung** Dorothee Whittaker
**Herstellungskoordination** Bettina Bähnsch
**Herstellung** Inga Reinke

Titel der englischen Originalausgabe:
Grow Food for Free





**Übersetzung** Reinhard Ferstl
**Lektorat** Corina Steffl

ISBN 978-3-8310-4155-8

**Druck und Bindung** TBB, a.s., Slowakei

FSC MIX
Aus verantwortungsvollen Quellen
FSC® C022120
www.fsc.org

**www.dk-verlag.de**

# ÜBER DEN AUTOR

Huw Richards zog 1999 mit seinen Eltern, die auf der Suche nach einem autarken, naturnahen Leben waren, von Yorkshire nach Wales. Sie ließen sich in den Ausläufern der Cambrian Mountains nieder und kauften ein Gehöft, das sie in ein blühendes Naturparadies verwandelten.

Schon mit drei Jahren half Huw seinen Eltern im Gemüsegarten. Mit 12 richtete er seinen eigenen YouTube-Kanal, **Huw Richards – Grow Food Organically**, über das Gemüsegärtnern ein. Inzwischen hat er über 170 000 Abonnenten, und seine Clips wurden mehr als 40 Millionen Mal gesehen.

Seit seinem Schulabschluss 2017 versucht Huw den Menschen wieder einen direkten Bezug zu ihrer Nahrung zu geben. Er hält sie zum Anbau von eigenem Obst und Gemüse an, ob auf der Fensterbank, im Garten oder auf dem Feld. Damit will er eine neue Generation von Hobbygärtnern ansprechen. Er hofft, dass einmal jede Schule in Großbritannien das Gärtnern als Fach einführt, da es seiner Ansicht nach den Kindern das Lernen und Aneignen von Wissen erleichtert.

*The Times*, *The Guardian* und die BBC News brachten bereits Beiträge über Huw. Er schreibt für die britische Gartenzeitschrift *Grow Your Own* und war live in der *One Show* der BBC zu sehen. 2019 brachte er sein erstes Buch *Hochbeet* heraus, das ebenfalls bei DK erschienen ist.

Wenn er nicht im Garten zugange ist oder an seinem Computer sitzt, spielt er vermutlich Tennis oder Squash.

Auf Instagram ist er unter **@huws_nursery** zu finden.

# NOCH MEHR SPASS UND LESEFREUDE

ISBN 978-3-8310-4157-2
16,95 € (D) / 17,50 € (A)

ISBN 978-3-8310-3901-2
16,95 € (D) / 17,50 € (A)

ISBN 978-3-8310-3900-5
16,95 € (D) / 17,50 € (A)

ISBN 978-3-8310-3724-7
19,95 € (D) / 20,60 (A)

www.dk-verlag.de